특성화 · 마이스터 고등학교 직업기초능력평가 대비

# TEENUP 틴업

업무처리능력군 편
문제해결 영역

# 직업기초능력평가문제집

우리교과서

# 머리말

2012년부터 전문계·마이스터 고등학교에서 실시하는 직업기초능력평가는 사회에서 요구하는 다양한 직무상황과 직무자가 해결해야 할 과제를 평가하는 데 초점이 맞춰져 있다. 특히, 2016년 이후 공기업, 공공기관에서는 NCS 직업기초능력을 채용 시험에 반영하여 평가하기 시작했고, 기업체, 교육훈련기관, 자격시험기관에서도 관련 자료를 적극적으로 활용하는 기조로 변화하고 있다. 이에 따라 NCS 직업기초능력 평가에 대한 관심도 나날이 증가하고 있다.

이 교재는 학습자들이 직접 직무상황에 나가기 전에 다양한 상황에 따른 행동과 사고를 미리 경험해 봄으로써 직무자가 가져야 할 직업기초능력을 향상시키고 실제 직무 현장에 나아갔을 때 실수를 줄이고 자신감을 가질 수 있기 위해 개발되었다.

각 문항은 기술선택, 정보처리, 업무이해, 자원관리, 기술적용을 포함한 다양한 영역의 문제를 해결할 수 있도록 구성되어 있다. 학습자는 문제 해결 과정을 통해 다양한 직무 상황에 유연하게 대처하는 능력을 키우고 전문계·마이스터 고등학교에서 실시하는 직업기초능력평가에서 좋은 결과를 얻는 데 도움을 준다. 연계 문항은 문제를 인식하고 대안을 탐색하여 실행, 평가하는 일련의 과정을 문항을 풀어나가면서 자연스럽게 문제 해결 과정이 학습될 수 있도록 구성했다.

이 교재를 통해 직업기초능력평가에 효율적으로 대비하고 다양한 직무 상황에 유연하게 대처할 수 있기를 바라며, 직업능력 향상과 더불어 나아가 사회와 국가가 원하는 인재로 거듭나기를 기대한다.

저자 일동

# 차례

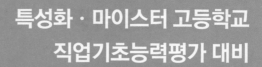

# 직업기초능력평가
# 소개

# 직업기초능력평가 TEENUP 소개

◎ **직업기초능력평가란?**

직업기초능력은 직업에서 직무를 성공적으로 수행하기 위한 기본적이고 공통적인 역량을 말하고, 직업기초능력평가 (Test for Enhanced Employ ability & Upgraded Proficiency: Teen Up)는 특성화 및 마이스터 고등학생들을 대상으로 하는 인터넷 기반 평가로 직장에서 요구하는 직업역량 보유 정도를 객관적으로 측정하는 평가를 가리키는 말입니다.

◎ **직업기초능력평가 평가 영역**

직업기초능력평가는 다양한 기초 연구들의 결과를 반영하여 직무능력을 기초능력군(의사소통 국어 · 의사소통 영어 · 수리활용), 업무처리능력군(문제해결), 직장적응능력군(직무적응) 등 총 3개 능력군, 5개 평가 영역으로 구성하고 있습니다.

| 직장적응능력군 | 성공적인 직장 생활을 위한 직장 적응 능력 진단<br>• 직무적응 영역 |
|---|---|
| 업무처리능력군 | 업무처리에 필요한 직업능력 평가<br>• 문제해결 영역(전공계열 공통) |
| 기초능력군 | 직무에 필요한 기본 직업능력 평가<br>• 의사소통 국어 영역<br>• 의사소통 영어 영역<br>• 수리활용 영역 |

## 의사소통 국어 영역

| 평가 요소 | 직업장면에서 요구되는 언어구사능력을 측정하는 평가로 국어 영역은 업무를 효과적으로 수행하기 위해 음성 및 문자언어를 전달하고 수용하는 능력을 평가 |
|---|---|
| 문항 수 | 50문항 |
| 평가 시간 | 50분 |
| 문항 유형 | 선택형 |
| 비고 | 듣기 문항 포함   ※ 듣기평가는 전체 평가의 30% 내외 |

## 의사소통 영어 영역

| 평가 요소 | 업무를 처리하는 과정에서 영어로 전달되는 간단한 문자정보나 음성정보를 수용하고 의도한 메시지를 언어적 혹은 비언어적 수단을 활용하여 수용 및 전달할 수 있는 능력을 평가 |
|---|---|
| 문항 수 | 50문항 |

| 평가 시간 | 50분 |
|---|---|
| 문항 유형 | 선택형 |
| 비고 | 듣기 문항 포함  ※ 듣기평가는 전체 평가의 30% 내외 |

## 수리활용 영역

| 평가 요소 | 업무를 처리하는 과정에서 계산, 수학적 원리 및 수리적 사고를 활용하여 업무를 수행하는 능력을 평가 |
|---|---|
| 문항 수 | 50문항 |
| 평가 시간 | 50분 |
| 문항 유형 | 선택형 |

## 문제해결 영역

| 평가 요소 | 창의적이고 논리적인 사고를 통해 문제를 올바르게 인식하고 적절하게 해결하는 능력을 평가 | | | |
|---|---|---|---|---|
| 문항 수 | 40문항 | | | |
| 평가 시간 | 50분 | | | |
| | 행동<br>내용 | 문제인식 | 대안탐색 및 분석 | 대안실행 | 평가 및 일반화 |
| 평가틀 | 정보<br>및<br>기술<br>활용 | • 기기 고장, 에러의 원인 파악<br>• 문제해결에 필요한 정보 파악 등 | • 매뉴얼 등을 통해 해결 방안 탐색<br>• 문제해결에 활용할 수 있는 기술이나 정보 탐색 등 | • 잘못된 정보 수정<br>• 기기의 재접속, 재부팅 등 | • 시도한 해결책의 효과성 분석<br>• 향후 유사 문제 발생 시 대응 전략 이해 등 |
| | 자원<br>관리 | • 목표 수량/시간 규명 등<br>• 필요 자원 파악 | • 가능한 날짜, 장소 탐색<br>• 상품의 장단점 분석 등 | • 조건에 맞는 날짜 선정<br>• 고객에게 상품 추천 등 | • 시도한 자원관리 방안의 효과성 분석<br>• 향후 유사 문제 발생 시 대응 |
| | 조직<br>이해 | • 문제해결을 위해 어떤 조직 규정(절차, 규칙, 조직도 등)이 필요한지 파악 | • 문제와 관련된 매뉴얼, 규정, 규칙, 구조 등을 탐색<br>• 대안들의 효과 및 리스크 분석 | • 상품 번호 배정<br>• 결재 취득<br>• 조직 규정에 따라 서류, 부품 분류 등 | • 실행의 효과성 평가<br>• 잘못된 규정이나 실행에 대한 대책 마련<br>• 향후 유사 문제 발생 시 실행 전략 등 |

## 직무적응 영역

| 평가 요소 | 직무적응에 영향을 주는 학생 개별 성격 및 동기 등을 확인하고 진단 |
|---|---|
| 문항 수 | 220문항(응시자의 일상 및 학교생활에 대한 경험, 태도 등을 문항들로 구성) |
| 평가 시간 | 40분 |
| 문항 유형 | 선택형 |
| 비고 | • 본 진단평가 영역에서는 자신을 실제보다 더 '좋게 보이려는 의도'와 '무성의한 응답'을 가려낼 수 있도록 개발됨.<br>• 오래 생각하지 말고, 응시자 본인의 의견을 솔직하게 응답해야 정확한 진단 결과를 얻을 수 있음. |

## ◎ 시행 방식

직업기초능력평가는 인터넷 기반의 평가방식(ICBT: Internet-Computer Based Test)으로 특성화 및 마이스터고 학교 보유 PC를 시행관리기관의 중앙본부로 연결하여 실시합니다.

## ◎ 평가 시간

• 직업기초능력평가는 평가 영역별로 50분에 걸쳐 시행되며, 휴식시간은 10분입니다.
• 오전 9시에 입실하여 오후 3시 20분까지 진행됩니다.

| 시 간 | 내 용 |
|---|---|
| 09:00 ~ 09:30 (30분) | 응시자 입실, 응시자 유의사항 공지 |
| 09:30 ~ 10:20 (50분) | **의사소통 국어 영역(50문항)** |
| 10:20 ~ 10:30 (10분) | 휴식 |
| 10:30 ~ 11:20 (50분) | **의사소통 영어 영역(50문항)** |
| 11:20 ~ 11:30 (10분) | 휴식 |
| 11:30 ~ 12:20 (50분) | **수리활용 영역(50문항)** |
| 12:20 ~ 13:20 (60분) | 점심 식사 |
| 13:20 ~ 14:10 (50분) | **문제해결 영역(40문항)** |
| 14:10 ~ 14:20 (10분) | 휴식 |
| 14:20 ~ 15:00 (40분) | **직무적응 영역(220문항)** |
| 15:00 ~ 15:20 (20분) | 설문 조사 |

※ 평가 종료 시간은 평가실별로 다를 수 있지만 10분 내외로 큰 차이가 나지 않습니다.

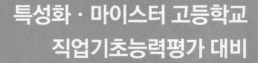

특성화 · 마이스터 고등학교
직업기초능력평가 대비

# 모의고사 1회

## 업무처리능력군
## 문제해결 영역

# 문제해결 영역

**01** ○○전기에서 근무하는 K씨가 다음 상황에서 선택할 3D 프린터의 검색 조건으로 적절하지 <u>않은</u> 것은?

> **부장** 개발 단계의 제품을 모의 제작하기 위해 이번에 3D 프린터를 하나 구매하려고 합니다. K씨가 시중 제품 중 적당한 것이 있는지 한번 찾아봐 주세요. USB 메모리를 이용하여 출력을 할 수 있으면 좋겠고, 제품의 크기를 고려해서 높이가 20cm 이상이면 좋을 것 같네요. 대신 필라멘트의 종류나 노즐의 크기는 신경 안 써도 될 거예요.

**제품명: 3D 프린터**

| 주요 사양 | | | |
|---|---|---|---|
| 인터페이스 | ☐ USB 2.0 | ☐ SD카드 | ☐ 블루투스 |
| 출력 사이즈(mm)<br>(가로×세로×높이) | ☐ 160×160×120 | ☐ 200×200×150 | ☐ 220×220×240 |
| | ☐ 280×280×240 | ☐ 300×300×400 | |
| 노즐 크기(㎛) | ☐ 200 | ☐ 300 | ☐ 400 |

① USB 2.0

② 220×220×240

③ 300×300×400

④ 300

**02** □□기계에서 근무하는 L씨가 신규 협력업체에 샘플 제품을 발송하기 위해 수첩에 적어놓은 주소를 입력하는 과정에서 어려움을 겪고 있다. L씨가 문제의 원인을 바르게 파악한 것은?

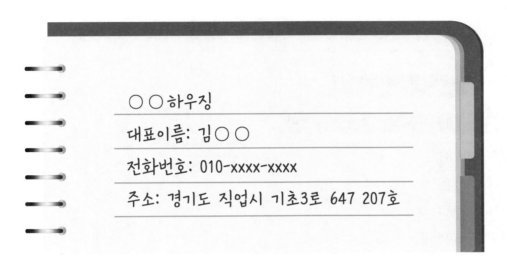

○○하우징
대표이름: 김○○
전화번호: 010-xxxx-xxxx
주소: 경기도 직업시 기초3로 647 207호

## 우편번호 검색

🏠 HOME > 우편번호 안내

기초 3로    검색

• 우편번호 상세주소가 검색되지 않는 경우 범위 주소로 검색됩니다.

> **도로명 + 건물번호** 예) 도움5로 19        > **읍/면/동/리 + 지번** 예) 어진동 307-19
> **건물명** 예) 나주시 ○○아파트        > **사서함 + 사서함번호** 예) 광화문우체국사서함 45

🔵 도로명주소 및 국가기초구역에 대한 자세한 안내  ▶

"기초 3로"으로 검색하신 결과 총 0건 입니다.

| 우편번호 | 주소 |
|---|---|
| | |

① 도로명을 잘못 입력했나?

② 사서함번호를 잘못 입력했나?

③ 건물명을 잘못 입력했나?

④ 건물번호와 상세주소까지 입력해야 하는 건가?

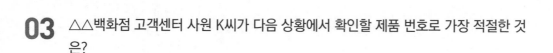

**03** △△백화점 고객센터 사원 K씨가 다음 상황에서 확인할 제품 번호로 가장 적절한 것은?

> **팀장** K씨, 2019년 3월 1일에 천안에서 생산된 SS19 제품이요. 검은색 바지가 불량이 너무 많아서 고객 항의가 계속 들어오네요. 판매 중지 신청하고 같은 날 대전에서 생산된 SS18 봄 신상 흰색 바지의 제품 상태는 어떤지 상품일련번호를 확인해서 공장에 연락해 보세요.

### 일련번호 부여 방식

#### 모델명 – 색상 – 공장번호 – 생산날짜

| | |
|---|---|
| 모델명 | 각 상품의 모델 이름 |
| 색상 | WH : 흰색, BL : 검은색, GR : 녹색 |
| 공장번호 | 01 : 대전, 02 : 광주, 03 : 천안 |
| 생산날짜 | 월일년 순으로 6자리 구성 |

① SS18-BL-03-030119

② SS19-BL-03-030119

③ SS18-WH-01-030119

④ SS19-WH-01-190301

**04** ◇◇식품 인사팀에서 근무하는 직원 A씨가 1차 합격처리할 지원자의 이력서로 가장 적절한 것은?

> **팀장** A씨, 이력서 양식 중 반드시 작성해야 하는 항목이 누락된 이력서는 불합격입니다.
>
> **A씨** 필수 작성 항목이 성명, 생년월일, 주소 맞나요?
>
> **팀장** 네, 올해는 위생 교육이 필수 항목이니 꼭 이수 여부도 함께 체크하셔서 1차 합격자를 가려 주시기 바랍니다.
>
> **A씨** 네, 알겠습니다.

① **이력서**

| 지원분야 | 해외영업부 |
|---|---|

| 성명 | K씨 |
| 생년월일 | 93. 05 |
| 주소 | 서울시 강남구 |

교육이수

| 기간 | 교육명 | 이수여부 |
|---|---|---|
| 2019.01~2019.03 (2개월) | 식품위생교육 | 이수 |

② **이력서**

| 지원분야 | 국내영업부 |
|---|---|

| 성명 | L씨 |
| 생년월일 | 90. 07 |
| 주소 | 충청남도 천안시 |

교육이수

| 기간 | 교육명 | 이수여부 |
|---|---|---|
| 2019.01~2019.02 (1개월) | 식품위생교육 | 미이수 |

③ **이력서**

| 지원분야 | 해외영업부 |
|---|---|

| 성명 | S씨 |
| 생년월일 | 87.08.03 |
| 주소 | 서울시 송파구 송파대로 6 |

교육이수

| 기간 | 교육명 | 이수여부 |
|---|---|---|
| 2019.01~2019.02 (1개월) | 식품위생교육 | 미이수 |

④ **이력서**

| 지원분야 | 국내영업부 |
|---|---|

| 성명 | D씨 |
| 생년월일 | 85.11.15 |
| 주소 | 전라남도 여수시 동문로 77 |

교육이수

| 기간 | 교육명 | 이수여부 |
|---|---|---|
| 2019.01~2019.03 (2개월) | 식품위생교육 | 이수 |

**05** ○○하이테크에서 근무하고 있는 M씨가 다음 상황에서 입력할 내용으로 가장 적절한 것은?

> **부장** 이번에 새로 구입한 업무용 컴퓨터를 홈페이지에 정품 등록해 주세요. 시리얼 번호는 컴퓨터 본체 옆면에 부착되어 있습니다.

Serial No.: mSyr4417-KYwr3662

8  480000  330451

**□□컴퓨터 정품 등록**

**1단계 : 시리얼 번호 입력**
구입하신 컴퓨터를 정품 등록 하시려면 시리얼 번호를 입력해 주십시오.

**시리얼 번호**

[                                        ] 다음단계

- **시리얼 번호 입력 예시** : AaB123bccD12dE35
- 숫자와 알파벳만 입력하며, 대소문자를 구분합니다.

① msyr4417kywr3662

② mSyr4417KYwr3662

③ mSyr4417-KYwr3662

④ msyr4417kywr3662*

**06** □□우주센터에서 근무하는 S씨가 별자리에 대해 알아보기 위해 도서관을 찾았다. 한국십진분류표를 참고하여 검색창에 주어진 도서의 분류번호를 기입하시오.

### 〈한국십진분류표〉

| 000 총류 | | 100 철학 | | 200 종교 | | 300 사회과학 | | 400 자연과학 | |
|---|---|---|---|---|---|---|---|---|---|
| 010 | 도서학, 서지학 | 110 | 형이상학 | 210 | 비교종교 | 310 | 통계학 | 410 | 수학 |
| 020 | 문헌정보학 | 120 | 인식론, 인과론, 인간학 | 220 | 불교 | 320 | 경제학 | 420 | 물리학 |
| 030 | 백과사전 | 130 | 철학의 세계 | 230 | 기독교 | 330 | 사회학, 사회문제 | 430 | 화학 |
| 040 | 강연집, 수필집, 연설문집 | 140 | 경학 | 240 | 도교 | 340 | 정치학 | 440 | 천문학 |
| 050 | 일반연속간행물 | 150 | 동양철학, 동양사상 | 250 | 천도교 | 350 | 행정학 | 450 | 지학 |
| 060 | 일반학회, 단체, 협회, 기관 | 160 | 서양철학 | 260 | [미사용] | 360 | 법률, 법학 | 460 | 광물학 |
| 070 | 신문, 언론, 저널리즘 | 170 | 논리학 | 270 | 힌두교, 브라만교 | 370 | 교육학 | 470 | 생명과학 |
| 080 | 일반전집, 총서 | 180 | 심리학 | 280 | 이슬람교(회교) | 380 | 풍습, 예절, 민속학 | 480 | 식물학 |
| 090 | 향토자료 | 190 | 윤리학, 도덕철학 | 290 | 기타 제종교 | 390 | 국방, 군사학 | 490 | 동물학 |

| 500 기술과학 | | 600 예술 | | 700 언어 | | 800 문학 | | 900 역사 | |
|---|---|---|---|---|---|---|---|---|---|
| 510 | 화학 | 610 | 건축술 | 710 | 한국어 | 810 | 한국문학 | 910 | 아시아 |
| 520 | 농업, 농학 | 620 | 조각 및 조형예술 | 720 | 중국어 | 820 | 중국문학 | 920 | 유럽 |
| 530 | 공학, 공업일반, 토목공학, 환경공학 | 630 | 공예 | 730 | 일본어 및 기타 아시아 제어 | 830 | 일본문학 및 기타 아시아문학 | 930 | 아프리카 |
| 540 | 건축, 건축학 | 640 | 서예 | 740 | 영어 | 840 | 영미문학 | 940 | 북아메리카 |
| 550 | 기계공학 | 650 | 회화, 도화, 디자인 | 750 | 독일어 | 850 | 독일문학 | 950 | 남아메리카 |
| 560 | 전기공학, 통신공학, 전자공학 | 660 | 사진예술 | 760 | 프랑스어 | 860 | 프랑스문학 | 960 | 오세아니아 |
| 570 | 화학공학 | 670 | 음악 | 770 | 스페인어 및 포르투갈어 | 870 | 스페인 및 포르투갈문학 | 970 | 양극지방 |
| 580 | 제조업 | 680 | 공연예술, 매체예술 | 780 | 이탈리아어 | 880 | 이탈리아문학 | 980 | 지리 |
| 590 | 생활과학 | 690 | 오락, 스포츠 | 790 | 기타 제어 | 890 | 기타 제문학 | 990 | 전기 |

## 문제해결 영역

**Memo**

**07** ㈜△△마케팅 관리기획부의 신입 사원 P씨가 다음 상황에서 처리할 업무의 순서를 정리한 것으로 가장 적절한 것은?

> **팀장**  P씨, 오늘 오후 3시에 예정되어 있던 제품 기획안 미팅이 오전 11시로 변경됐어요.
>
> **P씨**  네, 팀장님. 그러면 오전 11시 30분에 잡아두었던 부서 회의는 오후로 변경할까요?
>
> **팀장**  그래요. 오후 5시로 변경합시다. 그리고 내일 저녁에 거래처와 제품 미팅 있으니 장소 예약하고 결과를 메신저로 알려주세요.
>
> **P씨**  네, 알겠습니다.

### 업무일지

| 09:00 ~ | 마케팅팀 회의 |
|---|---|
| 11:30 ~ | 부서 회의 |
| 13:00 ~ 15:00 | 제품 불량 점검 |
| 15:00 ~ | 제품 기획안 미팅 |

① 마케팅 팀 회의 → 제품 기획안 미팅 → 제품 불량 상태 점검 → 관리기획부 회의 → 거래처 미팅 장소 예약

② 마케팅 팀 회의 → 제품 불량 상태 점검 → 관리기획부 회의 → 거래처 미팅 장소 예약 → 제품 기획안 미팅

③ 제품 기획안 미팅 → 마케팅 팀 회의 → 제품 불량 상태 점검 → 관리기획부 회의 → 거래처 미팅 장소 예약

④ 제품 기획안 미팅 → 마케팅 팀 회의 → 거래처 미팅 장소 예약 → 제품 불량 상태 점검 → 관리기획부 회의

Memo

**08** ◇◇리서치 회사의 총무직원 S씨가 출장 일정을 고려하여 수정해야 할 근무시간표로 가장 적절한 것은?

> S씨, 근무시간표가 잘못되었다고 보고가 들어왔어요.
> 근무 순서가 3월과 동일한데 어느 사원의 일정이 잘못 표시되었죠?

### 3월 셋째 주 근무시간표

|  | 근무 | 출장 | 휴무 |
|---|---|---|---|
| 3/11(월) | A씨 | B씨, D씨 | C씨 |
| 3/12(화) | B씨, C씨 | A씨 | D씨 |
| 3/13(수) | C씨, D씨 | A씨 | B씨 |
| 3/14(목) | D씨 | B씨, C씨 | A씨 |
| 3/15(금) | A씨 | B씨, D씨 | C씨 |

① A씨 일정표

| 4월 | | | | |
|---|---|---|---|---|
| 월 | 화 | 수 | 목 | 금 |
| 1근 | 2휴 | 3근 | 4출 | 5근 |
| 8휴 | 9근 | 10출 | 11근 | 12휴 |
| 15근 | 16출 | 17근 | 18휴 | 19근 |
| 22출 | 23근 | 24휴 | 25근 | 26출 |
| 29근 | 30휴 | | | |

② B씨 일정표

| 4월 | | | | |
|---|---|---|---|---|
| 월 | 화 | 수 | 목 | 금 |
| 1휴 | 2출 | 3출 | 4근 | 5휴 |
| 8출 | 9출 | 10근 | 11휴 | 12출 |
| 15출 | 16근 | 17휴 | 18출 | 19출 |
| 22근 | 23휴 | 24출 | 25출 | 26근 |
| 29휴 | 30출 | | | |

③ C씨 일정표

| 4월 | | | | |
|---|---|---|---|---|
| 월 | 화 | 수 | 목 | 금 |
| 1근 | 2출 | 3휴 | 4근 | 5근 |
| 8출 | 9휴 | 10근 | 11근 | 12출 |
| 15휴 | 16근 | 17근 | 18출 | 19휴 |
| 22근 | 23근 | 24출 | 25휴 | 26근 |
| 29근 | 30출 | | | |

④ D씨 일정표

| 4월 | | | | |
|---|---|---|---|---|
| 월 | 화 | 수 | 목 | 금 |
| 1근 | 2근 | 3출 | 4휴 | 5근 |
| 8근 | 9출 | 10휴 | 11근 | 12근 |
| 15출 | 16휴 | 17근 | 18근 | 19출 |
| 22휴 | 23근 | 24근 | 25출 | 26휴 |
| 29근 | 30근 | | | |

**09** ○○정보기술에 근무하는 P씨가 관련업체 홈페이지 회원가입을 하려고 한다. P씨가 회원가입을 완료하기 위해 작성할 비밀번호로 가장 적절한 것은?

● 회원가입                                    Teenup 직업기초능력평가

| ■ 아이디 | wooribook |
| ■ 비밀번호 | Woori_Book@ |
| ■ 비밀번호 확인 | ********** |

※ **비밀번호 작성 규칙**
비밀번호는 영문 대문자, 소문자, 숫자 각 1개 이상 포함하여야 하며 특수문자(!@#$%^&*)는 포함할 수 없습니다.(8~20자)

**확인(회원가입)**

회원가입을 완료할 수 없습니다.
비밀번호를 확인해 주세요.

① wooribook

② Wooribook

③ WooriBook9

④ wooribook#9

**10** □□어린이집에 근무하는 보육교사 L씨가 다음 상황에서 학생과 함께 수정할 엘리베이터 버튼으로 가장 적절한 것은?

> **원장** L선생님, A학생이 점자 수업을 너무 재밌게 배우는 것 같아요. 오늘 점자 수업 시간은 어떤 내용으로 진행되나요?
>
> **L교사** 네, 원장님. 저도 학생들이 어렵고 힘들어할 줄 알았는데 너무 재밌게 배우고 있어서 기뻐요. 오늘은 엘리베이터에 잘못 표기된 점자 버튼을 찾아보는 수업을 준비하고 있습니다.

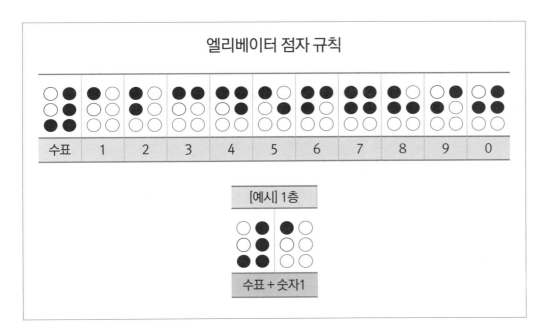

엘리베이터 점자 규칙

[예시] 1층

수표 + 숫자1

① 2

② 3

③ 6

④ 8

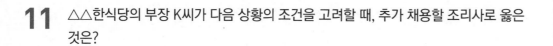

Memo

**11** △△한식당의 부장 K씨가 다음 상황의 조건을 고려할 때, 추가 채용할 조리사로 옳은 것은?

---

**과장** 연말 이벤트 때문에 손님이 너무 많이 늘어서 일손이 부족합니다.

**K씨** 네, 추가 채용해야겠네요. 한식 경험이 있는 조리사를 우선적으로 채용해야겠어요. 과장님 생각은 어떠세요?

**과장** 12시부터 2시, 5시부터 7시까지 손님이 너무 많고 주말에는 가족 단위 손님도 많이 방문하기 때문에 파트타임 근무가 가능하고 주말 근무를 할 수 있는 직원이 필요합니다.

**K씨** 잘 알겠습니다. 일단 지원한 조리사들이 있으니 조건을 검토해 봅시다.

---

### 〈조리사 추가 채용 지원자 명단〉

| 이름 | 나이 | 한식 조리 경험 | 경력 | 근무 가능 요일 | 메뉴개발 가능여부 | 파트타임 가능여부 |
|---|---|---|---|---|---|---|
| A씨 | 42 | 유 | 13년 | 월~토 | 불가능 | 불가능 |
| B씨 | 34 | 무 | 10년 | 화~일 | 불가능 | 가능 |
| C씨 | 51 | 유 | 20년 | 월~금 | 가능 | 불가능 |
| D씨 | 48 | 유 | 19년 | 화~일 | 가능 | 가능 |

① A씨

② B씨

③ C씨

④ D씨

**12** ◇◇게임회사에 근무하는 P씨가 다음 상황에서 G3셀에 작성할 수식으로 가장 적절한 것은?

> **부장** 새로 개발하는 게임을 위한 TF Team을 구성하였습니다. TF Team에 소속되어 있는 동안 사용할 임시 사원번호를 부여하려고 합니다. 임시 사원번호는 이름의 앞 첫 글자와 사원번호의 세 번째 자리부터 여섯 번째 자리까지를 조합하여 만들어 주세요. 메신저로 보내 드린 엑셀 파일의 G3셀에 함수를 사용하여 작성해 주시기 바랍니다. 엑셀 함수는 참고자료를 보면서 작성해 주세요.

| 사원번호 | 이름 | 부서 | 직책 | | TF Team 임시 사원번호 |
|---|---|---|---|---|---|
| AS1015M | 송명섭 | 기획부 | 대리 | | 송1015 |
| BF4124F | 현여리 | 총무부 | 사원 | | 현4124 |
| AT3198M | 김영철 | 홍보부 | 과장 | | 김3198 |
| FS3090M | 하민규 | 영업부 | 부장 | | 하3090 |
| JM6427F | 장영미 | 기획부 | 사원 | | 장6427 |

〈참고자료〉

- LEFT(text, [num_chars]) – 텍스트 문자열의 첫 번째 문자부터 시작하여 지정한 문자 수만큼 문자를 반환합니다.
  사용 예) =LEFT(A2,2) : A2셀의 처음 두 개의 문자를 반환합니다.
- RIGHT(text, [num_chars]) – 지정한 문자 수에 따라 텍스트 문자열의 마지막 문자부터 지정된 개수의 문자를 반환합니다.
  사용 예) =RIGHT(A2,2) : A2셀의 마지막 두 개의 문자를 반환합니다.
- MID(text, start_num, num_chars) – 텍스트 문자열에서 지정된 위치로부터 지정된 수만큼 문자를 반환합니다.
  사용 예) =MID(A2,2,5) : A2셀의 문자열 중 두 번째 문자부터 다섯 개의 문자를 반환합니다.
- &(앰퍼샌드) 기호 – & 기호는 두 개의 문자열을 하나로 합쳐 줍니다.
  사용 예) =A2&B2 : A2셀과 B2셀의 문자를 하나로 합쳐 줍니다.

① =LEFT(C3,1)&MID(B3,3,4)  ② =MID(C3,1)&RIGHT(B3,3,4)
③ =RIGHT(C3,1)&LEFT(B3,3,4)  ④ =MID(C3,1)&LEFT(B3,3,4)

[ 13~14번 문항 ] 서로 연관된 세트문항입니다.
○○은행의 행원 E씨가 파일을 정리하고 있다. 다음 상황과 자료를 보고 이어지는 물음에 답하시오.

E씨, 컴퓨터에 있는 통장 개설 현황 자료 분류되어 있나요? 다른 지점으로 이동한 K행원이 정리하던 것인데 확인 부탁드려요.

**13** E씨가 파악한 파일 분류 체계로 가장 적절한 것은?

① 연도 – 분기 – 통장 개설 번호

② 연도 – 통장 개설 번호 – 분기

③ 통장 개설 번호 – 분기 – 연도

④ 통장 개설 번호 – 연도 – 분기

**14** E씨가 다음 파일을 저장할 폴더로 가장 적절한 것은?

| | |
|---|---|
| 과장 | E씨, 오늘 통장 개설한 고객이 총 13명 있었어요. 30080번부터 30092번까지 개설 번호를 정리해 주세요. 2019년 12월 마지막 날인 것에 비해 손님이 많이 없었던 것 같네요. 서둘러 마감합시다. |
| E씨 | 네, 알겠습니다. |

① 통장 개설 현황 / 2 2019년 / 04 3사분기 / 004 30000~39999

② 통장 개설 현황 / 3 2019년 / 04 3사분기 / 003 30000~39999

③ 통장 개설 현황 / 2 2019년 / 04 4사분기 / 003 30000~39999

④ 통장 개설 현황 / 3 2019년 / 04 4사분기 / 004 30000~39999

[ 15~16번 문항 ] 서로 연관된 세트문항입니다.
□□헤어에 근무하는 B씨는 사장으로부터 다음과 같은 지시를 받았다. 다음 상황과 자료를 보고 이어지는 물음에 답하시오.

**사장** B씨! 헤어드라이어가 고장 나서 급하게 새 제품을 구매해야 하는데, 냉풍 기능이 있고 전자파 차단 기능이 있는 제품으로 골라 주세요. 지난번 제품은 전자파가 너무 많이 발생되어서 고객 평이 좋지 않았어요. 가격은 30만 원 이내의 제품으로 부탁해요. 제품이 고장 났을 때 직접 가기 힘드니까 이 부분을 꼭 고려해서 골라 주세요.

**모델명 : HD-130P**

가격 : ₩305,000
풍량 조절 : 4단 (터보, 강, 약, 냉풍)
무게 : 567g
기능 : 2중 안전장치, 음이온, 전자파 차단
A/S기간 및 방법 : 구입 후 2년, 기사 방문

**모델명 : HD-190A**

가격 : ₩279,000
풍량 조절 : 3단 (강, 약, 냉풍)
무게 : 370g
기능 : 디지털 모터, 음이온, 전자파 차단
A/S기간 및 방법 : 구입 후 1년, 매장 방문

**모델명 : HD-230S**

가격 : ₩187,000
풍량 조절 : 3단 (강, 약, 미풍)
무게 : 455g
기능 : 음이온, 낮은 소비전력
A/S기간 및 방법 : 구입 후 1년, 기사 방문

**모델명 : HD-330A**

가격 : ₩193,000
풍량 조절 : 3단 (강, 약, 냉풍)
무게 : 487g
기능 : 디지털 모터, 전자파 차단, 미끄럼 방지
A/S기간 및 방법 : 구입 후 2년, 기사 방문

**15** 다음 중 B씨가 제품들을 비교평가하고자 할 때 활용할 수 없는 항목은?

① 가격
② 무게
③ 기능
④ A/S기간 및 방법

**16** 사장의 요구 사항을 고려할 때 B씨가 선택해야 할 헤어드라이어로 가장 적절한 것은?

① HD-130P
② HD-190A
③ HD-230S
④ HD-330A

Memo

[ 17~18번 문항 ] 서로 연관된 세트문항입니다.
△△김치회사 홍보부에서 근무하는 A씨는 지침에 따라 배추김치의 원산지를 표시하려고 한다. 다음 상황과 자료를 보고 이어지는 물음에 답하시오.

## 〈원산지 표시 지침〉

1. 국내산 배추를 사용하여 국내에서 배추김치를 조리하여 판매하는 경우
   → 배추김치(배추국내산)

1-1. 다만, 배추김치에 사용된 원료 농산물의 원산지가 모두 국산일 경우
   → 배추김치(국산) 또는 배추김치(국내산)

2. 수입한 배추(절인 배추를 포함한다.)를 사용하여 국내에서 배추김치를 조리하여 판매하는 경우 → 배추김치(수입국가명)
   [예시] 배추김치(배추 중국산)

3. 1~2 규정에 해당하는 배추김치를 섞은 경우에는 해당 표시를 모두 하고, 그 사실도 함께 표시한다.
   [예시] 배추김치(국내산과 중국산을 섞음)

**17** 배추김치의 원산지를 표시하기 위해 A씨가 가장 먼저 해야 할 일로 적절한 것은?

① 절인 배추인지 확인한다.

② 배추의 원산지를 확인한다.

③ 배추 농가의 위치를 확인한다.

④ 배추김치에 사용된 원료의 원산지를 확인한다.

**18** 다음 □□농가의 글을 참고하여 A씨가 원산지 표시제 지침에 맞게 표시한 것으로 가장 적절한 것은?

강원도 배추김치

강원도는 산이 많고 지대의
고도가 높아
배추가 싱싱하고 맛있습니다.
청정 강원도 배추로
고춧가루, 천일염, 대파, 마늘 등
모두 강원도 지역의 재료를 사용하였습니다.

□□농가

① 배추김치(국산)

② 배추김치(배추 국내산)

③ 배추김치(배추 강원도산)

④ 배추김치(국내산과 수입산 섞음)

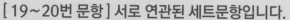

# 문제해결 영역

[ 19~20번 문항 ] 서로 연관된 세트문항입니다.
◇◇바이오에서 근무하는 K씨는 신제품 마케팅을 위해 영국으로 출장을 가려는 부장의 요구에 따라 항공권을 예약하려고 한다. 다음 상황과 자료를 보고 이어지는 물음에 답하시오.

---

**부장** 12월 15일에 영국 출장을 위해 항공권을 예약해 주세요. 출발 항공권은 직항과 1회 경유가 가능하며 총 소요 시간은 15시간을 넘지 않았으면 좋겠어요. 동일한 조건이라면 가격이 저렴한 항공권을 구입해 주세요. 돌아오는 항공편은 미리 예약해 놓았어요. 반드시 왕복 항공료의 합이 300만 원 이내에서 구입되어야 합니다. 이 점 꼭 유념해 주세요.

---

● 5월 31일 항공편

| 예) | 공항1 → 비행소요시간 | 공항2 대기시간 | → 비행소요시간 | 공항3 | 금액 총 비용 |
|---|---|---|---|---|---|
| (가) | ICN | → | | LHR | 금액 ₩2,100,000 |
| | | 12h 30m | | | |
| (나) | ICN → | WAW | → | LHR | 금액 ₩820,000 |
| | 11h 35m | 1h 00m | 1h 45m | | |
| (다) | ICN → | PEK | → | LHR | 금액 ₩790,000 |
| | 2h 20m | 1h 20m | 11h 35m | | |
| (라) | ICN → | FRA | → | LHR | 금액 ₩750,000 |
| | 11h 35m | 1h 15m | 1h 40m | | |

● 부장이 미리 예약한 돌아오는 항공편

| LHR | → | ICN | 금액 |
|---|---|---|---|
| 출발시간 : 12/19 18:50 | 11h 00m | 도착시간 : 12/20 14:50 | ₩2,080,000 |

※ IATA 공항 코드  ICN : 인천(대한민국), WAW : 바르샤바(폴란드), PEK : 북경(중국),
FRA : 프랑크푸르트(독일), LHR : 런던(영국)

**19** 부장의 요구에 따라 K씨가 예약해야 할 항공권은?

① (가)  ② (나)  ③ (다)  ④ (라)

**20** 다음은 K씨의 탁상에 표시된 세계시간이다. 부장의 요구에 따라 예약한 항공권의 출발시간이 15:30일 때 부장이 영국에 도착하는 현지 날짜와 시간은?

| 서울 | 시차 | 런던 |
|---|---|---|
| 12월 2일<br>**14:30** | 09시간 00분 | 12월 2일<br>**05:30** |

① 12월 14일 09:00
② 12월 14일 21:00
③ 12월 15일 09:00
④ 12월 15일 21:00

[ 21~22번 문항 ] 서로 연관된 세트문항입니다.

○○호텔의 직원 S씨는 부장 회의 날짜를 정하고 회의 장소를 예약하려고 한다. 다음 상황과 자료를 보고 이어지는 물음에 답하시오.

## 〈5월 일정표〉

| 월 | 화 | 수 | 목 | 금 |
|---|---|---|---|---|
|  |  | 1<br>홍보부장 지방출장 | 2 | 3 |
| 6<br>대체공휴일 | 7 | 8<br>인사부장 해외출장 | 9 | 10<br>기획부장<br>신제품 워크숍 |
| 13<br>생산부장<br>1공장 점검 | 14 | 15<br>생산부장<br>2공장 점검 | 16 | 17<br>생산부장<br>3공장 점검 |

 총무부장

 홍보부장
홍보부서 회의가 매달 둘째 주 목요일에 있습니다. 5월 3일 출장이 오전에 끝나지만 회사에 복귀하면 너무 늦은 저녁일 것 같네요.

해외 출장 일정이 있었는데 지진 문제로 취소되어 다른 부장들이 가능한 시간에 맞출 수 있겠어요. 인사부장

기획부장
신제품 워크숍 일정이 5월 10일에서 15일까지였는데 일찍 마무리한다면 15일 오후 12시쯤 회사로 복귀 가능할 것 같아요.

5월 셋째 주는 공장 점검 주간이므로 공장 점검이 이틀에 하루 간격으로 있어서 그 주에 회의에 참가하는 건 어려울 것 같네요.  생산부장

**21** S씨는 부장들이 회의에 참석 가능한 시간을 표로 정리하였다. 다음 중 S씨가 문자메시지 내용과 다르게 정리한 것은?

| 부서 \ 날짜 | 5월 1주차 | | | 5월 2주차 | | | | | 5월 3주차 | | | | |
|---|---|---|---|---|---|---|---|---|---|---|---|---|---|
| | 수 | 목 | 금 | 월 | 화 | 수 | 목 | 금 | 월 | 화 | 수 | 목 | 금 |
| | 1 | 2 | 3 | 6 | 7 | 8 | 9 | 10 | 13 | 14 | 15 | 16 | 17 |
| 홍보 | × | × | × | × | ○ | ○ | × | ○ | ○ | ○ | ○ | ○ | ○ |
| 인사 | ○ | ○ | ○ | × | ○ | × | × | × | ○ | ○ | ○ | ○ | ○ |
| 기획 | ○ | ○ | ○ | × | ○ | ○ | ○ | × | × | × | P | ○ | ○ |
| 생산 | ○ | ○ | ○ | × | ○ | ○ | ○ | ○ | × | × | × | × | × |

※ A : 오전 가능 , P : 오후 가능, ○ : 전일 가능, × : 전일 불가능

① 기획부장

② 생산부장

③ 인사부장

④ 홍보부장

**22** 4명의 부장이 모두 참석할 수 있는 회의 날짜 중 가장 빠른 날짜는?

① 5월 2일(목)

② 5월 3일(금)

③ 5월 7일(화)

④ 5월 8일(수)

[ 23~24번 문항 ] 서로 연관된 세트문항입니다.
□□엔지니어링에서 근무하는 Y씨는 사출 제품 불량 검사 업무를 담당하고 있다. 다음
은 불량 검사 절차와 현재 처리해야 할 불량 검사 결과 화면이다. 다음 자료를 보고 이
어지는 물음에 답하시오.

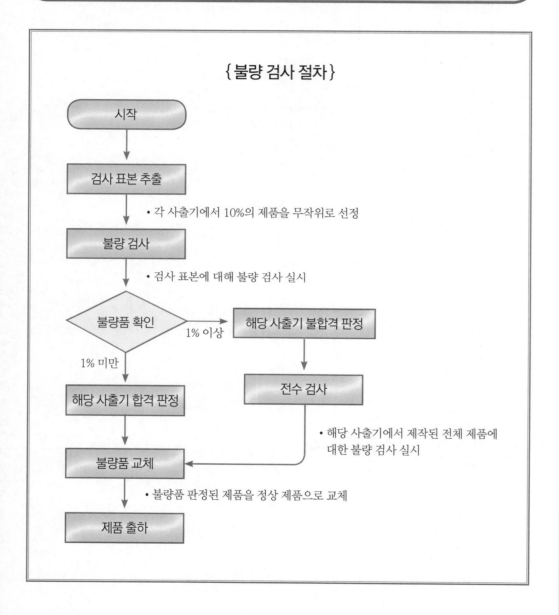

{ 불량 검사 절차 }

시작

검사 표본 추출
• 각 사출기에서 10%의 제품을 무작위로 선정

불량 검사
• 검사 표본에 대해 불량 검사 실시

불량품 확인
1% 이상 → 해당 사출기 불합격 판정
1% 미만

해당 사출기 불합격 판정 → 전수 검사
• 해당 사출기에서 제작된 전체 제품에 대한 불량 검사 실시

해당 사출기 합격 판정

불량품 교체
• 불량품 판정된 제품을 정상 제품으로 교체

제품 출하

{ 품질관리 프로그램 }

| 이름 | 사출기 번호 | 품명 | 총 수량 | 표본 수량 | 불량률(%) | 검사방법 |
|---|---|---|---|---|---|---|
| | | | | | Quality Control Program | |
| | 사출기 번호 | 전체 | | | 검사 날짜 | 2019. 5. 7. |
| 1 | IM-0103AB21 | 의자 | 3,120 | 312 | 0.3127 | 표본검사 |
| 2 | IM-0103AB22 | 바구니 | 12,321 | 1,232 | 0.0365 | 표본검사 |
| 3 | IM-0103PV43 | 안경테 | 36,450 | 3,645 | 1.2169 | 표본검사 |
| 4 | IM-0103PV45 | 스피커 | 24,543 | 2,454 | 0.4379 | 표본검사 |
| 5 | | | | | | |

**23** Y씨가 사출기별로 합격/불합격 판정을 내리기 위해 'Quality Control Program(품질관리 프로그램)' 화면에서 확인해야 하는 항목은?

① 사출기 번호

② 품명

③ 불량률

④ 표본 수량

**24** 다음 중 Y씨가 사출 제품 전체에 대해 불량 검사를 실시해야 하는 사출기는?

① IM-0103AB21

② IM-0103AB22

③ IM-0103PV43

④ IM-0103PV45

Memo

[ 25~26번 문항 ] 서로 연관된 세트문항입니다.

△△어류 도매업자 A씨(경매 ID=486번)는 ◎◎수협에서 실시하는 수산물 전자 경매에 30만 원을 가지고 참여하여 새우를 낙찰받고자 한다. 다음 자료를 보고 질문에 답하시오.

## 경매장 이동식 전광판

### ◎ ◎ 수 협

수협중앙회

| 생산자 | 품명 | 중량 | 등급 | 수량 | 경락단가 | 낙찰자 |
|---|---|---|---|---|---|---|
| | | | | | | |
| | | | | | | |
| | | | | | | |
| | | | | | | |
| | | | | | | |

| 구분 | | 항목 내용 |
|---|---|---|
| 전광판 | 초록색 | 낙찰(완료)된 경매 정보 |
| | 노란색 | 진행 중인 경매 품목 정보 |
| | 빨간색 | 대기 중인 경매 품목 정보 |

| 전자 경매 절차 | | |
|---|---|---|
| 경매 과정 | 시작 | 경매 품목 확인 후 응찰 여부 결정 |
| | 응찰(희망 시) | 희망 구매가격(경락단가) 입력 후 응찰 버튼 누름 |
| | 추가응찰(희망 시) | 낙찰되지 않았을 때 더 높은 가격 입력 후 응찰 버튼 누름 |
| | 종료(낙찰) | 추가응찰자 부재 시 현재 최고 구매가로 최종 낙찰자 결정 |

**25** 이동식 전광판의 정보를 보고 A씨가 현재의 경매 상황을 바르게 이해한 것은?

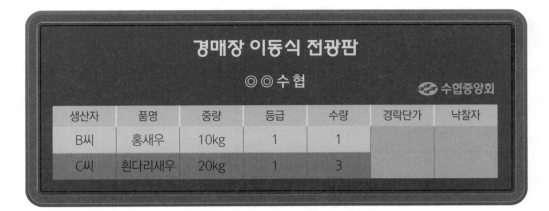

① 흰다리새우 경매는 종료되었군.

② B씨와 C씨가 홍새우에 응찰을 했군.

③ 홍새우와 흰다리새우 경매를 동시에 진행하는군.

④ 홍새우 경매를 시작했으니 응찰가를 입력해야겠군.

**26** 다음은 A씨가 홍새우 경매에 응찰한 후의 전광판 화면이다. A씨가 전광판을 보고 판단한 내용으로 가장 적절한 것은?

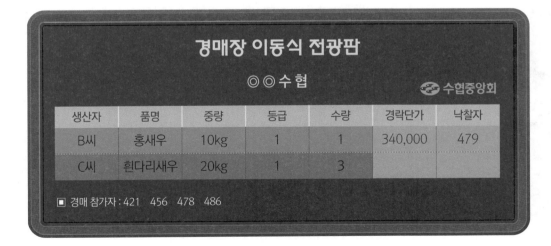

① 479번보다 높은 가격으로 추가 응찰을 해야겠군.

② B씨가 나보다 높은 가격으로 경매에 참여하려 하는군.

③ 준비해 온 금액보다 단가가 높아 응찰을 포기해야겠군.

④ C씨가 흰다리새우를 낙찰받기 위해 차례를 기다리고 있군.

[ 27~28번 문항 ] 서로 연관된 세트문항입니다.
◇◇드론 제조회사에 다니는 S씨는 새로 출시된 드론에 제품번호를 부여하기 위해 다음 자료를 참고하였다. 자료를 보고 이어지는 물음에 답하시오.

---

### ※ 제품번호 부여 방법

1. 제품번호 형식 : AAAA-BBCD

2. 제품번호 내용
- AAAA : 출시년도 네 자리

- BB : 제조라인번호 – 1번 라인='L1', 2번 라인='L2', 3번 라인='L3'
  ※ 1번, 2번 라인은 외주작업으로 인해 드론 생산 중단 상태, 추후 드론 생산 라인으로 재개 예정

- C : 카메라 해상도 – 400만 화소='F', 600만 화소='S', 800만 화소='E'

- D : 로터(프로펠러) 개수 – 듀얼콥터(2개)='D', 트리콥터(3개)='T', 쿼드콥터(4개)='Q', 헥사콥터(6개)='H', 옥타콥터(8개)='O'

---

### 〈신제품 정보〉

- 출시일 : 2019. 5. 7.
- 주파수 : 2.4GHz
- 카메라 : 800만 화소, 30fps
- 생산라인 : 3번 라인
- 최대 속도 : 75km/h
- 배터리 종류 : 리튬폴리머
- 무게 : 905g
- 제품크기(접었을 때) : 9.5cm×22.5cm×8.4cm

**27** 다음 중 S씨가 신제품에 제품번호를 부여할 때 회사의 모든 기존 제품들과 동일한 코드를 부여해야 하는 항목은?

① 출시년도 네 자리

② 제조라인번호

③ 카메라 해상도

④ 로터(프로펠러) 개수

**28** 다음 중 S씨가 신제품에 부여할 제품번호로 옳은 것은?

① 2019-L3EH

② 2019-L3SH

③ 2019-L2FO

④ 2019-L2TQ

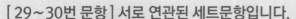

## 1 문제해결 영역

Memo

[ 29~30번 문항 ] 서로 연관된 세트문항입니다.
○○해양 아카데미에서 근무하는 K씨는 원장의 지시로 강의 시간표를 작성 중이다. 다음 상황과 자료를 보고 이어지는 물음에 답하시오.

원장  1분기 시간표를 참고해서 2분기 수업 시간표를 작성해 주세요. 모든 강좌는 기초→중급→고급→마스터의 4단계로 이루어져 있습니다. 2분기 시간표를 작성하실 때는 모든 강좌를 1분기 시간표보다 한 단계 높은 수준으로 개설해 주시기 바랍니다.

예를 들어 1분기에 중급 과정이 있었다면 2분기에는 고급 과정을 개설하면 됩니다. 만약 1분기에 마스터 과정이 있었다면 다시 기초 과정으로 개설하셔야 합니다. 그리고 아쿠아리스트 과정은 반드시 2차시를 연속으로 묶어서 개설됨을 유의해 주세요. 시간대는 아쿠아리스트 과정은 1분기 시간표 그대로 개설하고, 주부 대상 수족관관리 과정은 오후 7시 이전에 마쳐야 합니다. 강좌별 개설 시간은 강사들의 의견을 고려하여 정해 주세요.

또한 모든 강좌는 반드시 주 2회 이상 개설되어야 하며 같은 시간에 배치되어야 합니다.

### 〈2분기 강좌 후보〉

| 강좌명 | 개설 가능 시간 | 비고 |
| --- | --- | --- |
| 스킨스쿠버-A | 매일 | 남성 전용 |
| 스킨스쿠버-B | 매주 월, 수, 금 | 여성 전용 |
| 수질환경관리 | 매주 수, 금 | |
| 아쿠아리스트 | 매일 | 2시간 연강 |
| 수산질병관리 | 매일 | |
| 어류 양식 | 매주 월, 화, 목 | |
| 수족관관리 | 매주 월, 목 | 주부 대상 |
| 해양생물관리 | 매주 화, 목 | |
| 해양구조 | 매주 화, 목, 금 | 스킨스쿠버 과정 수료자 |

**38** TEENUP 직업기초능력평가문제집

### 〈1분기 시간표〉

| | 월 | 화 | 수 | 목 | 금 |
|---|---|---|---|---|---|
| 17:00-17:50 | 스킨스쿠버-A〈기초〉 | 어류양식〈고급〉 | 스킨스쿠버-A〈기초〉 | 어류양식〈고급〉 | 스킨스쿠버-A〈기초〉 |
| 18:00-18:50 | 수족관관리〈중급〉 | 해양생물관리〈마스터〉 | 수족관관리〈중급〉 | 해양생물관리〈마스터〉 | 수족관관리〈중급〉 |
| 19:00-19:50 | 수산질병관리〈기초〉 | 수질환경관리〈중급〉 | 수산질병관리〈기초〉 | 수질환경관리〈중급〉 | 수질환경관리〈중급〉 |
| 20:00-20:50 | 아쿠아리스트〈고급〉 | 해양구조〈기초〉 | 아쿠아리스트〈고급〉 | 해양구조〈기초〉 | 아쿠아리스트〈고급〉 |
| 21:00-21:50 | | 스킨스쿠버-B〈마스터〉 | | 스킨스쿠버-B〈마스터〉 | |

**29** K씨가 2분기 시간표를 작성하기 전에 각 강좌의 개설 가능 시간을 표로 정리하여 원자료의 내용과 대조하고 있다. K씨가 원자료에 맞게 수정해야 할 강좌는?

| 강좌명 | 월 | 화 | 수 | 목 | 금 |
|---|---|---|---|---|---|
| 스킨스쿠버-B | ○ | × | ○ | × | ○ |
| 수질환경관리 | × | ○ | ○ | × | ○ |
| 수족관관리 | ○ | × | × | ○ | × |
| 해양구조 | × | ○ | × | ○ | ○ |

※ ○ : 가능, × : 불가능

① 스킨스쿠버-B

② 수질환경관리

③ 수족관관리

④ 해양구조

**30** K씨가 원장이 요청한 조건들을 반영하여 구성한 2분기 시간표로 적절하지 <u>않은</u> 것은?

①

| | 월 | 화 | 수 | 목 | 금 |
|---|---|---|---|---|---|
| 17:00-17:50 | 수족관관리 〈고급〉 | 수산질병관리 〈중급〉 | 수산질병관리 〈중급〉 | 수족관관리 〈고급〉 | 수산질병관리 〈중급〉 |
| 18:00-18:50 | 어류양식 〈마스터〉 | 어류양식 〈마스터〉 | 수질환경관리 〈고급〉 | 어류양식 〈마스터〉 | 수질환경관리 〈고급〉 |
| 19:00-19:50 | 스킨스쿠버-B 〈기초〉 | 스킨스쿠버-A 〈중급〉 | 스킨스쿠버-B 〈기초〉 | 스킨스쿠버-A 〈중급〉 | 스킨스쿠버-B 〈기초〉 |
| 20:00-20:50 | 아쿠아리스트 〈마스터〉 | 해양구조 〈중급〉 | 아쿠아리스트 〈마스터〉 | 해양구조 〈중급〉 | 아쿠아리스트 〈마스터〉 |
| 21:00-21:50 | | 해양생물관리 〈기초〉 | | 해양생물관리 〈기초〉 | |

②

| | 월 | 화 | 수 | 목 | 금 |
|---|---|---|---|---|---|
| 17:00-17:50 | 스킨스쿠버-B 〈기초〉 | 어류양식 〈마스터〉 | 스킨스쿠버-B 〈기초〉 | 어류양식 〈마스터〉 | 스킨스쿠버-B 〈기초〉 |
| 18:00-18:50 | 수족관관리 〈고급〉 | 스킨스쿠버-A 〈중급〉 | 스킨스쿠버-A 〈중급〉 | 수족관관리 〈고급〉 | 스킨스쿠버-A 〈중급〉 |
| 19:00-19:50 | 수산질병관리 〈중급〉 | 수산질병관리 〈중급〉 | 수질환경관리 〈고급〉 | 수산질병관리 〈중급〉 | 수질환경관리 〈고급〉 |
| 20:00-20:50 | 아쿠아리스트 〈마스터〉 | 해양구조 〈중급〉 | 아쿠아리스트 〈마스터〉 | 해양구조 〈중급〉 | 아쿠아리스트 〈마스터〉 |
| 21:00-21:50 | | 해양생물관리 〈기초〉 | | 해양생물관리 〈기초〉 | |

③

| | 월 | 화 | 수 | 목 | 금 |
|---|---|---|---|---|---|
| 17:00-17:50 | 스킨스쿠버-B 〈기초〉 | 해양구조 〈중급〉 | 스킨스쿠버-B 〈기초〉 | 해양구조 〈중급〉 | 스킨스쿠버-B 〈기초〉 |
| 18:00-18:50 | 스킨스쿠버-A 〈중급〉 | 스킨스쿠버-A 〈중급〉 | 수질환경관리 〈고급〉 | 스킨스쿠버-A 〈중급〉 | 수질환경관리 〈고급〉 |
| 19:00-19:50 | 수족관관리 〈고급〉 | 수산질병관리 〈중급〉 | 수산질병관리 〈중급〉 | 수족관관리 〈고급〉 | 수산질병관리 〈중급〉 |
| 20:00-20:50 | 아쿠아리스트 〈마스터〉 | 해양생물관리 〈기초〉 | 아쿠아리스트 〈마스터〉 | 해양생물관리 〈기초〉 | 아쿠아리스트 〈마스터〉 |
| 21:00-21:50 | | 어류양식 〈마스터〉 | | 어류양식 〈마스터〉 | |

④

| | 월 | 화 | 수 | 목 | 금 |
|---|---|---|---|---|---|
| 17:00-17:50 | 수족관관리 〈고급〉 | 스킨스쿠버-A 〈중급〉 | 스킨스쿠버-A 〈중급〉 | 수족관관리 〈고급〉 | 스킨스쿠버-A 〈중급〉 |
| 18:00-18:50 | 스킨스쿠버-B 〈기초〉 | 해양생물관리 〈기초〉 | 스킨스쿠버-B 〈기초〉 | 해양생물관리 〈기초〉 | 스킨스쿠버-B 〈기초〉 |
| 19:00-19:50 | 수산질병관리 〈중급〉 | 수산질병관리 〈중급〉 | 수질환경관리 〈고급〉 | 수산질병관리 〈중급〉 | 수질환경관리 〈고급〉 |
| 20:00-20:50 | 아쿠아리스트 〈마스터〉 | 어류양식 〈마스터〉 | 아쿠아리스트 〈마스터〉 | 어류양식 〈마스터〉 | 아쿠아리스트 〈마스터〉 |
| 21:00-21:50 | | 해양구조 〈중급〉 | | 해양구조 〈중급〉 | |

[ 31~32번 문항 ] 서로 연관된 세트문항입니다.
L씨는 □□생명회사의 기획팀 보조직원으로 입사하여 팀장으로부터 다음과 같은 사내 연락망을 전달받았다. 다음 자료를 보고 질문에 답하시오.

〈 사내 연락망 〉

| 기획팀 | | 회계팀 | |
| --- | --- | --- | --- |
| 이름 | 직통 | 이름 | 직통 |
| 기획 팀장 | 2700 | 회계 팀장 | 3700 |
| A사원 | 2710 | B사원 | 3710 |
| 보험 청구팀 | | 고객 상담팀 | |
| 이름 | 직통 | 이름 | 직통 |
| 보험 팀장 | 4700 | 상담 팀장 | 5700 |
| C사원 | 4710 | D사원 | 5710 |

□□생명회사(070-7979-직통번호)

1. 당겨받기 : 수화기 들기 + ( * ) + ( * )
2. 돌려주기 : 돌려주기 버튼 + 직통번호 + 수화기 내려놓기
3. 외부로 전화걸기 : 수화기 들기 + 9 + 외부 전화 번호

**31** L씨가 팀장으로부터 받은 사내 연락망을 통해 파악할 수 있는 정보는?

① 사원 경력
② 직통 팩스 번호
③ 사외 전화 발신 방법
④ 발신 번호 확인 방법

**32** 기획 팀장을 찾는 전화를 받은 L씨가 눌러야 할 버튼으로 적절한 것은?

① * → *
② 돌려주기 → * → *
③ 돌려주기 → 2 → 7 → 0 → 0
④ 2 → 7 → 0 → 0 → 돌려주기

Memo

[ 33~36번 문항 ] 서로 연관된 세트문항입니다.
△△식품 외식사업부에 근무하는 C씨가 거래처의 문의 전화를 받고 있다. 다음 상황과 자료를 보고 이어지는 물음에 답하시오.

| | |
|---|---|
| 거래처 | 안녕하세요. 3주년 기념행사 때 쓸 도시락을 주문하고 싶습니다. |
| C씨 | 네, 안녕하세요. 2주년 행사에도 저희 회사에 주문해 주셨죠? |
| 거래처 | 네, 지난 행사 참가자들의 반응이 너무 좋아서 다시 주문하게 되었습니다. 잘 부탁드립니다. |
| C씨 | 감사합니다. 특별히 선호하는 메뉴가 있나요? |
| 거래처 | 이번 기념행사에 해외 투자자들이 참석할 예정입니다. 국 종류보다 수프 종류로 준비해 주시면 좋겠습니다. 그리고 지난번 행사에 보니 디저트가 특히 맛있었습니다. 올해는 경단과 제철과일을 모두 준비해 주셨으면 합니다. 수량은 60개 정도이고 가격은 개당 6만 원 이하로 부탁드립니다. 행사 준비 관계로 직접 가지러 가는 것이 어려우니 시간에 맞춰 보내 주실 수 있나요? |

## 도시락 메뉴

| | 워너블 도시락 | 아미 도시락 | 레벨 도시락 | 무무 도시락 |
|---|---|---|---|---|
| 가격 | 7만 원 | 5만 2천 원 | 4만 9천 원 | 3만 7천 원 |
| 국/수프 | 황태국 | 콘 수프 | 게살 수프 | 된장국 |
| 메뉴 | 밥(잡곡/흰쌀)<br>야채샐러드<br>전복갈비찜<br>계절 회<br>김치 | 밥(흰쌀)<br>야채샐러드<br>한우갈비찜<br>광어회<br>김치 | 치킨 샌드위치<br>참치 오믈렛<br>피클 | 밥(흰쌀)<br>야채샐러드<br>김치전과 잡채<br>연어구이<br>가지탕수육 |
| 디저트 | 경단과 제철과일 | 제철과일 | 경단과 제철과일 | 경단 |
| 디저트변경<br>가능 여부 | × | ○ | × | × |
| 배달 조건 | 80인분 이상 | 60인분 이상 | 50인분 이상 | 40인분 이상 |

**33** C씨가 거래처의 도시락 주문과 관련하여 고려할 항목들을 모두 고른 것은?

① 가격, 국/수프, 메뉴, 디저트, 배달 조건

② 가격, 메뉴, 디저트, 디저트 변경 가능 여부, 배달 조건

③ 가격, 국/수프, 디저트, 디저트 변경 가능 여부, 배달 조건

④ 메뉴, 국/수프, 디저트, 디저트 변경 가능 여부, 배달 조건

**34** C씨가 거래처의 요구사항을 반영하여 도시락 상품들을 평가한 것으로 가장 적절한 것은?

| 선택사항 | 조건 \ 종류 | 워너블 도시락 | 아미 도시락 | 레벨 도시락 | 무무 도시락 |
|---|---|---|---|---|---|
| ① | 가격 | × | × | ○ | ○ |
| ② | 국/수프 | × | ○ | ○ | × |
| ③ | 디저트 | ○ | × | ○ | × |
| ④ | 배달 | ○ | × | ○ | × |

※ ○ : 요구사항 일치, × : 요구사항 불일치

**35** C씨가 거래처에 추가로 확인할 내용으로 가장 적절한 것은?

① 아이스 팩을 동봉해야 하나요?

② 배송은 몇 시까지 보내 드리면 될까요?

③ 작년에 주문한 도시락은 무엇이었나요?

④ 4주년 기념행사에도 저희 도시락을 이용해 주실 건가요?

**36** C씨가 다음 상황에서 거래처에 추천할 도시락으로 가장 적절한 것은?

> **거래처** 저희 회사의 예산은 개당 최대 6만 원 정도입니다. 3주년 기념행사에 해외 투자자들이 참석하기는 하지만 모두 한식을 좋아합니다. 작년 메뉴 중 소불고기가 특히 인기였는데요. 올해도 한국을 대표하는 메뉴가 추가된 도시락이었으면 좋겠습니다. 특히 떡과 과일까지 함께 한다면 든든한 한 끼 식사가 될 수 있을 것 같네요.

① 레벨 도시락                    ② 무무 도시락

③ 아미 도시락                    ④ 워너블 도시락

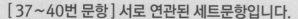

Memo

[ 37~40번 문항 ] 서로 연관된 세트문항입니다.
◇◇인테리어에서 근무하는 L씨는 고객이 요구한 조명을 알아보라는 지시를 받고 몇 가지 조명에 대한 정보를 찾아보았다. 다음 상황과 자료를 보고 이어지는 물음에 답하시오.

| | |
|---|---|
| 고객 | 이번에 이사할 집의 수리를 의뢰하고자 합니다. 다른 부분은 보내 드린 요구 사항 파일을 참고해 주시면 되지만 조명에 대한 정보가 없으니 어떤 조명이 좋을지 추천해 주세요. |
| L씨 | 혹시 고객님께서 특별히 생각하고 계신 조명이 있으신가요? |
| 고객 | 우선 오래 사용할 수 있는 제품이면 좋겠어요. 또한 누구나 쉽게 전구를 갈아 끼울 수 있어야 하고, 최신 트렌드의 디자인에 연간 전기요금이 낮은 제품을 원해요. |
| L씨 | 네, 알겠습니다. 추가적으로 고려할 만한 사항이 있을까요? |
| 고객 | 눈 건강에 해롭지 않게 피로가 적은 제품을 고려해 주시면 감사하겠습니다. |

### 〈조명의 종류〉

| | 백열등 | 형광등 | 삼파장 | LED |
|---|---|---|---|---|
| 개당 가격 | ₩500 | ₩2,500 | ₩6,000 | ₩6,000 |
| 눈의 피로도 | 높다 | 보통 | 낮다 | 낮다 |
| 수명 | 짧다 | 보통 | 보통 | 길다 |
| 소비 전력 | 60W | 36W | 36W | 18W |
| 밝기 | 800루멘 | 1,200루멘 | 1,500루멘 | 1,000루멘 |
| 교체 난이도 | 쉽다 | 보통 | 보통 | 어렵다 |

**37** L씨는 고객이 요구한 조명을 선택하기 위하여 고려하고 있는 요소들을 정리해 보려고 한다. L씨가 파악한 요소들을 바르게 묶은 것은?

① 개당 가격, 수명, 소비 전력, 교체 난이도

② 수명, 소비 전력, 밝기, 교체 난이도

③ 눈의 피로도, 수명, 소비 전력, 교체 난이도

④ 개당 가격, 눈의 피로도, 소비 전력, 교체 난이도

**38** L씨는 〈조명의 종류〉를 바탕으로 고객이 요구하고 있는 요소들 중 몇 가지에 대해 조명별로 점수를 부여하였다. 다음 중 L씨가 정리한 내용이 자료와 일치하는 것은?

|      |          | 백열등 | 형광등 | 삼파장 | LED |
| ---- | -------- | ---- | ---- | ---- | --- |
| (가) | 개당 가격 | 4점  | 3점  | 2점  | 2점 |
| (나) | 눈의 피로도 | 4점  | 3점  | 2점  | 2점 |
| (다) | 소비 전력 | 1점  | 3점  | 3점  | 4점 |
| (라) | 밝기     | 1점  | 3점  | 4점  | 2점 |

※ 1점(최하점수) ~ 4점(최고점수) : 점수가 높을수록 고객이 고려하고 있는 요건에 부합함.

① (가)              ② (나)              ③ (다)              ④ (라)

**39** 고객이 한 가지의 조명만을 추천받기 원할 때 L씨가 추가해야 할 질문으로 가장 적절한 것은?

① 몇 개의 조명을 구입하실 예정인가요?

② 눈의 건강에 특별히 이상이 있으신가요?

③ 조명의 밝기는 어느 정도를 생각하시는가요?

④ 조명을 주로 교체하는 사람은 누구인가요?

**40** 고객은 동일한 조건이라면 밝기가 밝은 제품을 선택하는 것이 좋겠다는 의견을 제시했다. 이 의견을 반영했을 때 L씨가 추천할 조명은?

① 백열등                    ② 형광등

③ 삼파장                    ④ LED

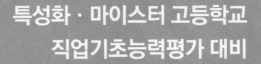

특성화 · 마이스터 고등학교
직업기초능력평가 대비

# 모의고사 2회

## 업무처리능력군
## 문제해결 영역

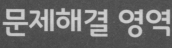

**01** 다음 대화 내용을 참고하여 ○○미트 재고관리팀 K씨가 선택한 대체용 고기로 가장 적절한 것은?

| | |
|---|---|
| **부장** | 5월에 600g을 주문하면 600g을 더 드리는 두근두근 이벤트는 잘 준비되고 있나요? |
| **K씨** | 네, 미리 재고를 파악해서 재료 주문을 하려고 합니다. 그런데 소고기로 모두 진행하기에는 이벤트 비용이 부족합니다. 600g의 소고기를 주문하면 똑같이 600g의 소고기를 드리기보다 다른 고기로 대체해서 제공하면 어떨까요? |
| **부장** | 좋은 아이디어네요! 고기 단가표를 활용하여 대체할 고기를 준비해 주세요. 가격도 고려해야 하겠지만 가급적 국내산 제품을 이용하도록 합시다. 5월 한 달만 진행하는 단기 이벤트인 만큼 재고 관리를 철저하게 해주세요. |

### 두근두근 이벤트

#### - 고기 단가표 -

(단위: 원)

| 품 목 | 100g 가격 | 한 근 가격 | 원산지 |
|---|---|---|---|
| 닭고기 | 6,000 | 36,000 | 국내산 |
| 소고기 | 8,000 | 48,000 | 국내산 |
| 양고기 | 10,000 | 60,000 | 호주산 |
| 돼지고기 | 4,000 | 24,000 | 스페인산 |

① 닭고기

② 소고기

③ 양고기

④ 돼지고기

**02** □□서점의 베스트셀러 코너에서 근무하는 사원 B씨가 다음 기준에 따라 이번 주 인기 소설을 진열하고자 한다. 소설을 배치할 위치로 가장 적절한 것은?

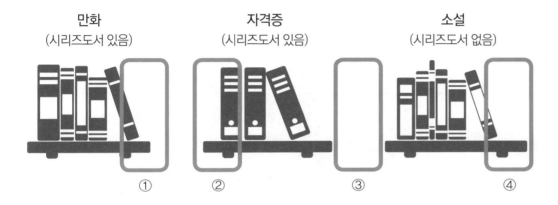

| 만화 | 자격증 | 소설 |
|---|---|---|
| (시리즈도서 있음) | (시리즈도서 있음) | (시리즈도서 없음) |

①    ②    ③    ④

◎ **베스트셀러 배치 기준** ◎

1. 다른 장르의 도서가 있을 경우 : 책과 책이 서로 겹치지 않도록 한 후 오른쪽에 배치

2. 같은 장르의 도서가 있을 경우 : 같은 장르의 도서와 겹치지 않도록 한 후 왼쪽에 배치

3. 시리즈의 도서가 있을 경우 : 책과 책을 일부 겹치게 위로 오도록 하여 오른쪽에 배치

① 만화의 오른쪽

② 자격증의 왼쪽

③ 자격증과 소설의 가운데

④ 소설의 오른쪽

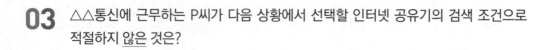
**03** △△통신에 근무하는 P씨가 다음 상황에서 선택할 인터넷 공유기의 검색 조건으로 적절하지 <u>않은</u> 것은?

---

사장  이번에 컴퓨터와 태블릿PC를 추가 구매하는데 사무실의 인터넷 접속을 위해 유무선 인터넷 공유기를 함께 구매하려고 합니다. P씨가 적당한 것이 있는지 한번 찾아봐 주세요. 컴퓨터 연결을 위해 LAN포트는 4개 이상이 되어야 하고, 메모리는 50메가바이트(MB) 이상, 유선 전송속도는 기가비트 이상이어야 합니다. 기타 사양은 신경 쓰지 않아도 됩니다.

---

**제품명: 유무선 인터넷 공유기**

| | 주요 사양 | | |
|---|---|---|---|
| LAN | ☐ 2포트 | ☐ 4포트 | ☐ 8포트 |
| 안테나 수 | ☐ 1개 | ☐ 2개 | ☐ 4개 |
| | ☐ 8개 | | |
| RAM | ☐ 32MB | ☐ 64MB | ☐ 128MB |
| | ☐ 256MB 이상 | | |
| 유선 전송속도 | ☐ 100Mbps | ☐ 500Mbps | ☐ 1Gbps |

① 8포트

② 4개

③ 64MB

④ 1Gbps

**04** ◇◇식품에 근무하는 A씨가 고객이 작성한 설문조사지에 기재된 곳으로 사은품을 보내기 위해 주소를 입력하는 과정에서 어려움을 겪고 있다. A씨가 문제의 원인을 바르게 파악한 것은?

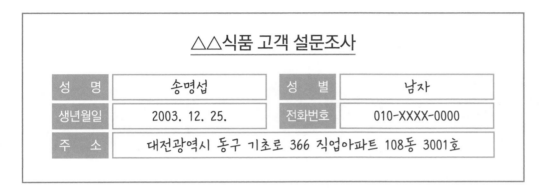

## △△식품 고객 설문조사

| 성 명 | 송명섭 | 성 별 | 남자 |
|---|---|---|---|
| 생년월일 | 2003. 12. 25. | 전화번호 | 010-XXXX-0000 |
| 주 소 | 대전광역시 동구 기초로 366 직업아파트 108동 3001호 | | |

### 우편번호 검색

찾으실 주소를 입력하세요.

| 기초로366 | 검색 |
|---|---|

**검색방법**
▶ 도로명 + 건물번호　예) 도움5로∨19　　▶ 읍/면/동/리 + 지번　예) 어진동∨307-19
▶ 건물명　예) 나주시∨○○아파트　　▶ 사서함 + 사서함번호　예) 광화문우체국사서함∨45

"기초로366"으로 검색하신 결과 총 0건 입니다.

| 우편번호 | 주소 |
|---|---|
| | |

① 시와 구까지 입력해야 하는 건가?

② 건물번호를 잘못 입력했나?

③ 띄어쓰기가 잘못되었나?

④ 아파트 이름을 입력해야 하나?

Memo

**05** 인사팀 S씨는 외부에서 걸려오는 문의 전화를 담당자에게 연결해 주는 역할을 맡고 있다. 정확하고 신속한 업무 처리를 위해 각 절차별로 주의해야 할 사항이 바르게 짝지어진 것은?

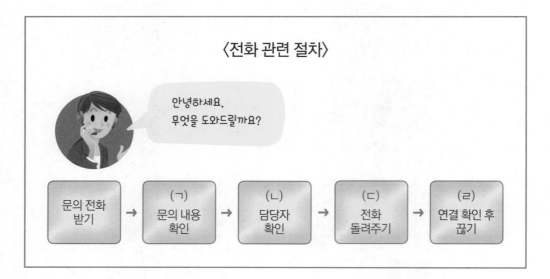

〈전화 관련 절차〉

안녕하세요.
무엇을 도와드릴까요?

문의 전화 받기 → (ㄱ) 문의 내용 확인 → (ㄴ) 담당자 확인 → (ㄷ) 전화 돌려주기 → (ㄹ) 연결 확인 후 끊기

① (ㄱ) – 문의사항을 파악하기 위해 여러 번 묻는다.

② (ㄴ) – 사내연락망에서 업무부서만 정확하게 파악한다.

③ (ㄷ) – 전화가 끊어질 경우를 대비하여 S씨의 번호를 알려준다.

④ (ㄹ) – 담당자와 연결된 후 수화기를 제자리에 내려놓는다.

**06** ○○동 주민센터 직원 B씨가 다음 상황에서 민원인에게 수정 요청할 부분으로 옳은 것은?

| 민원인 | 출생 신고서를 작성하려고 하는데요. |
|---|---|
| B씨 | 네, 테이블에서 작성 방법을 참고하여 작성해 주시면 됩니다. |
| | - 잠시 후 - |
| 민원인 | 다 적었는데 이렇게 작성하면 되나요? |
| B씨 | 확인해 드릴게요. 잘 작성해 주셨는데 일부 수정할 부분이 있네요. |

### 출 생 신 고 서
( 년 월 일)

※ 신고서 작성 시 뒷면의 작성 방법을 참고하고, 선택 항목에는 V로 표시하기 바랍니다.

| ① 출 생 자 | 성명 | *한글 | (성)홍 / (명)길동 | 본 (한자) | | *성별 | ☑남 ② 여 | *☑ 혼인중의 출생자 *② 혼인외의 출생자 |
|---|---|---|---|---|---|---|---|---|
| | | 한자 | (성) / (명) | | | | | |
| | *출생일시 | | 20XX 년 7 월 8 일 16 시 25 분(출생지 시각: 24각제) | | | | | |
| | *출생장소 | | ① 자택 ☑ 병원 ③ 기타 | | 서울특별시 성북구 | | | |
| | 부모가 정한 등록기준지 | | | 서울특별시 중구 을지로 11길 25 | | | | |
| | *주소 | | 서울특별시 성북구 보국문로 174 | | | 세대주 및 관계 | | 홍은동의 자 |
| | 자녀가 복수국적자인 경우 그 사실 및 취득한 외국 국적 | | | | | | | |

### 작 성 방 법

※ **등록기준지**: 각 란의 해당자가 외국인인 경우에는 그 국적을 기재합니다.

※ **주민등록번호**: 각 란의 해당자가 외국인인 경우에는 외국인등록번호(국내거소신고번호 또는 출생연월일)를 기재합니다.

①란: 출생자의 이름에 사용하는 한자는 대법원규칙이 정하는 범위내의 것(인명용 한자)으로, 이름자는 5자(성은 포함 안 됨)를 초과해서는 안 되며, 사용가능한 인명용한자는 대한민국 법원 전자민원센터에서 확인할 수 있습니다.
: 출생일시는 24시각제로 기재합니다. (예: 오후 2시 30분 → 14시 30분)
: 자녀가 복수국적자인 경우 그 사실 및 취득한 외국 국적을 기재합니다.
: 출생장소는 최소 행정구역의 명칭(시 · 구의 '동', 읍 · 면의 '리') 또는 도로명주소의 '도로명'까지만 기재하여도 됩니다.

① 성명　　　　② 출생 일시　　　　③ 출생 장소　　　　④ 세대주 및 관계

**07**  □□자동차에 근무하는 C씨가 다음 상황에서 정보를 수정해야 할 참가자는?

> **홍보팀장** 지난주에 실시한 자율주행 커넥티드 카 시승 희망자 수요 조사에 참여한 사람들의 정보 입력을 끝냈다고 합니다. 제대로 입력되었는지 C씨가 확인해 보세요.

### 자율주행 커넥티드 카 시승 희망자 등록 양식

| No. | 성명 | 소속 | 주소 | 비고 |
|---|---|---|---|---|
| 1 | 송명섭 | D전기 | 서울시 강남구 OO로 31 | |
| 2 | 현여리 | I상사 | 인천시 중구 OO로 6 | |
| 3 | 김경철 | W출판 | 경기도 안산시 단원구 OO2로 80 | |
| 4 | 김가연 | A전자 | 경상북도 포항시 남구 OO로 17 | |
| 5 | 문미연 | P수산 | 서울특별시 관악구 OO길 34 | |
| 6 | 유기웅 | Y정밀 | 강원도 태백시 OO로 84, 103-502 | |
| 29 | 하만규 | K정보 | 대구광역시 남구 OO로 21 | |
| 30 | 김범신 | H건강 | 광주광역시 북구 OO로 10 | |

### 자율주행 커넥티드 카 시승 희망자 신청 현황

| No. | 성명 | 소속 | 주소 |
|---|---|---|---|
| 1 | 송명섭 | D전기 | 서울특별시 강남구 OO로 31 |
| 2 | 현여리 | I상사 | 인천광역시 중구 OO로 6 |
| 3 | 김경철 | W출판 | 경기도 안산시 단원구 OO2로 80 |
| 4 | 김가연 | A전자 | 경상북도 포항시 남구 OO로 17 |
| 5 | 문미연 | P수산 | 서울특별시 강남구 OO로 31 |
| 6 | 유기웅 | Y정밀 | 강원도 태백시 OO로 84, 103-502 |
| | | | |
| 29 | 하만규 | K정보 | 대구광역시 남구 OO로 21 |
| 30 | 김범신 | H건강 | 광주광역시 북구 OO로 10 |

① 현여리        ② 김가연        ③ 문미연        ④ 김범신

## 08 △△의료기에 근무하는 S씨가 다음 상황에서 NCS 학습모듈을 저장할 폴더명을 쓰시오.

**교육팀장** 직원들의 교육을 위해 국가직무능력표준을 다운로드하여 저장하고자 합니다. 저장할 폴더는 세분류를 기준으로 구분되어 있습니다. S씨가 아래 NCS 모듈을 해당하는 폴더에 분류하여 주세요. NCS 구성은 책상 위에 올려둔 자료를 참고하세요.

〈참고자료〉

### 0101010101_12v1 분류번호 체계

NCS 국가직무능력표준 National Competency Standards

| 01 | 01 | 01 | 01 | 01 | _ | 12 | v1 |
|----|----|----|----|----|---|----|-----|
| 대분류 | 중분류 | 소분류 | 세분류 | 능력단위 | _ | 개발연도 | 버전 |

| 중분류 | 소분류 | 세분류 |
|--------|--------|--------|
| 01. 보건 | 01. 의료기술지원 | 01. 의료기관리 |
| | | 08. 요양지원 |
| | | 09. 의지보조기 |
| | | 10. 청각관리 |
| | | 13. 임상심리 |
| | | 14. 의료정보관리 |
| | 02. 보건지원 | 01. 병원행정 |
| | | 02. 병원안내 |
| | | 03. 보건교육 |
| | | 04. 의료시설위생관리 |
| | | 05. 지역사회위생관리 |

### 다운로드한 NCS 모듈 : 0601010907_13v1

03 의료기관리    04 요양지원    05 의지보조기    06 청각관리    07 임상심리    08 의료정보관리

09 병원행정    10 병원안내    11 보건교육    12 의료시설위생관리 13 지역사회위생관리

## 2 문제해결 영역

**09** ◇◇건설에 근무하는 L씨는 공사 입찰을 위해 입찰 사이트 회원가입을 하던 중 문제가 발생하였다. L씨가 문제의 원인을 바르게 파악한 것은?

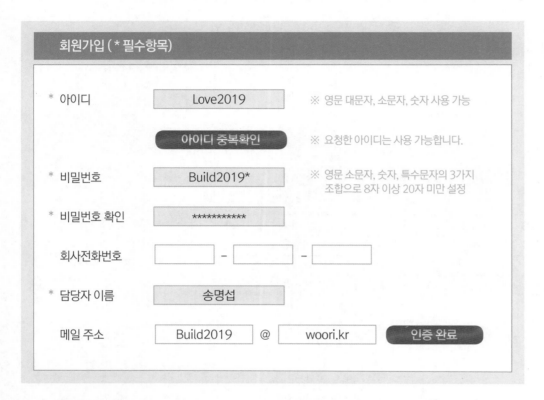

### 회원가입 ( * 필수항목)

| | | |
|---|---|---|
| * 아이디 | Love2019 | ※ 영문 대문자, 소문자, 숫자 사용 가능 |
| | 아이디 중복확인 | ※ 요청한 아이디는 사용 가능합니다. |
| * 비밀번호 | Build2019* | ※ 영문 소문자, 숫자, 특수문자의 3가지 조합으로 8자 이상 20자 미만 설정 |
| * 비밀번호 확인 | *********** | |
| 회사전화번호 | ☐ – ☐ – ☐ | |
| * 담당자 이름 | 송명섭 | |
| 메일 주소 | Build2019 @ woori.kr 인증 완료 | |

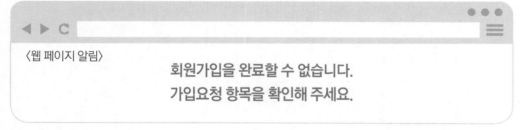

〈웹 페이지 알림〉

**회원가입을 완료할 수 없습니다.**
**가입요청 항목을 확인해 주세요.**

① 아이디를 잘못 입력했나?

② 비밀번호를 다시 설정해야 하나?

③ 회사전화번호를 누락했나?

④ 메일 주소가 잘못되었나?

**10** ○○소프트에 근무하는 P씨는 팀장에게 사내 메신저로 동영상 파일을 전송했는데 문제가 발생했다. P씨가 문제를 해결할 수 있는 방법으로 적절한 것은?

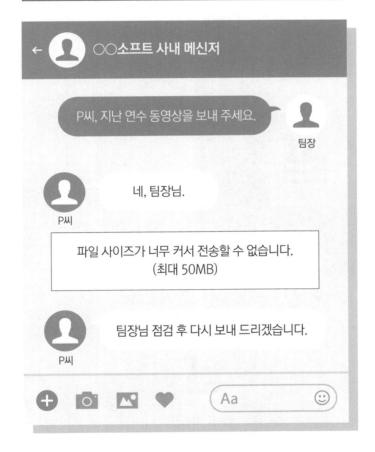

| 길이 | 52초 |
|---|---|
| 파일이름 | movie57.mp4 |
| 해상도 | 1920×1080 픽셀 |
| 프레임 속도 | 24프레임/초 |
| 비트수준 | 24비트 |
| 파일크기 | 57.5MB |

○○소프트 사내 메신저

P씨, 지난 연수 동영상을 보내 주세요.
팀장

P씨
네, 팀장님.

파일 사이즈가 너무 커서 전송할 수 없습니다.
(최대 50MB)

P씨
팀장님 점검 후 다시 보내 드리겠습니다.

Aa

① 길이를 57초로 변경한다.

② 파일이름을 movie47.mp4로 변경한다.

③ 해상도를 640×360 픽셀로 변경한다.

④ 프레임 속도를 30프레임/초로 변경한다.

Memo

**11** 부장의 말과 자료를 참고하여 안전 관리부 직원 D씨가 동선을 수정해야 할 구역으로 가장 적절한 것은?

**부장**  회의 시작하겠습니다. 오늘 통근 버스 기사님께서 후진하던 중 직원 한 명을 차로 칠 뻔한 상황이 있었습니다. 동선에 문제가 있는 것 같습니다. 같은 실수가 반복되지 않도록 기존 동선을 수정하는 게 좋겠습니다.

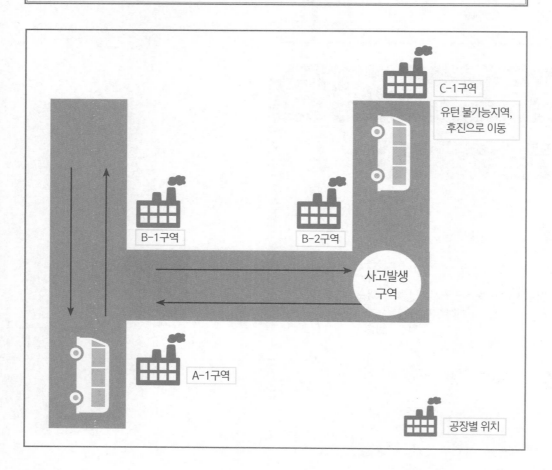

① A-1 구역

② B-1 구역

③ B-2 구역

④ C-1 구역

**12** □□리서치 국내영업부에 근무하는 사원 P씨는 부장과 함께 대전 지점으로 출장을 가야 한다. 다음의 자료를 보고 P씨가 선택할 교통편으로 가장 적절한 것은?

1. 지점 방문 출장 : 6월 12일(수) 15:10 ~ 17:10(2시간)

2. 오전 일정표

부장

| | 6/12 |
|---|---|
| 09:00 – 10:00 | 부장 회의 |
| 10:30 – 11:50 | 거래처 미팅 |
| 12:00 – 13:00 | 점심 약속 |

P씨

| | 6/12 |
|---|---|
| 08:00 – 08:50 | 전체 직원 회의 |
| 10:30 – 11:50 | 거래처 미팅 업무 보조 |
| 12:00 – 12:30 | 우체국 서류 발송 |

3. 이동수단별 소요시간(대전역 도착 기준)

| 이동수단 | 출발지 | 출발시간 | 소요시간 | 비고 |
|---|---|---|---|---|
| KTX | 서울역 | 매 시 정각 | 1시간 | 회사에서 서울역까지 택시로 20분 소요 |
| 고속버스 | 버스터미널 | 매 시 정각 매 시 20분 매 시 40분 | 2시간 30분 | 회사에서 버스터미널까지 택시로 30분 소요 |
| 무궁화호 | 영등포역 | 매 시 정각 매 시 30분 | 1시간 50분 | 회사에서 영등포역까지 택시로 10분 소요 |
| 새마을호 | 영등포역 | 매 시 정각 매 시 30분 | 1시간 35분 | |

단, 대전역에서 대전 지점까지는 도보로 7분, 대전터미널에서는 택시로 7분이 소요된다.

① KTX

② 고속버스

③ 무궁화호

④ 새마을호

[ 13~14번 문항 ] 서로 연관된 세트문항입니다.
△△해양스포츠에 근무하는 K씨는 사장으로부터 다음과 같은 지시를 받았다. 다음 상황과 자료를 보고 이어지는 물음에 답하시오.

> **사장** 이번에 새로 구입하게 될 모터보트에 대한 자료입니다. K씨가 자료를 잘 보고 모델별로 점수를 부여해서 내일 있을 회의 자료에 첨부해 주세요. 점수는 별표를 참고하여 5점 ~ 1점으로 부여하고 가장 높은 점수를 받은 모델을 선정해서 발표해 주세요.

## 모터보트 제품 특성표

| 모델명 | 가격 | 안전성 | 디자인 | 내구성 | 실용성 |
|--------|------|--------|--------|--------|--------|
| MB-310K | ★★★☆☆ | ★★★★☆ | ★★★☆☆ | ★★★☆☆ | ★★★★★ |
| DK648 | ★★☆☆☆ | ★★★★☆ | ★★★☆☆ | ★★★☆☆ | ★★★★☆ |
| A360S | ★★★★☆ | ★★★★☆ | ★★☆☆☆ | ★★★☆☆ | ★★★★☆ |
| K64GB-S | ★★★★★ | ★★★☆☆ | ★★★★★ | ★★☆☆☆ | ★★★★☆ |

※ ★★★★★ : 매우 좋음   ★★★★☆ : 좋음   ★★★☆☆ : 보통   ★★☆☆☆ : 나쁨   ★☆☆☆☆ : 매우 나쁨

**13** K씨가 내일 있을 회의에서 발표할 가장 높은 점수를 받게 될 모델은?

① MB-310K  ② DK648  ③ A360S  ④ K64GB-S

**14** 사장이 다음과 같은 요구를 했을 때 K씨가 선택해야 할 모델은?

> **사장** 영업부에서 조사한 시장조사 결과에 따르면 소비자들은 안전성이 우수하고, 내구성이 뛰어나며, 실용성이 높고, 가격이 좋은 제품을 선호한다고 합니다. 시장조사 결과에 따라 점수표를 새로 구성하여 모델을 정해 주세요. 단, 점수가 같다면 선택의 우선순위는 시장조사 결과대로 1순위는 안전성, 2순위는 내구성, 3순위는 실용성, 4순위는 가격에 의해 정해 주세요.

① MB-310K  ② DK648  ③ A360S  ④ K64GB-S

[15~16번 문항] 서로 연관된 세트문항입니다.
◇◇미용실에 근무하는 디자이너 M씨는 고객으로부터 염색약을 추천해 달라는 요청을 받았다. 자료를 보고 이어지는 물음에 답하시오.

| | |
|---|---|
| 고객 | 집에서 셀프 염색을 해볼까 하는데요. 좋은 제품 있나요? |
| M씨 | 고객님이 하실 건가요? |
| 고객 | 어머니 해드리고 싶어서요. 거동이 불편하셔서 미용실 방문이 어렵거든요. |
| M씨 | 그러시군요. 사용해 보셨거나 희망하는 제품이 따로 있으세요? |
| 고객 | 가격은 상관없으니 되도록 천연 성분이 포함된 제품이면 좋겠어요. 저번에 시중에 파는 염색약을 사서 직접 염색을 해드렸는데 두드러기가 생겨 고생하셨어요. |
| M씨 | 식약처가 고시한 '알레르기 유발 주의 성분'이 포함되어 있는지 확인해 드릴게요. 희망하는 색 있으세요? |
| 고객 | 검정색이요. 오랜 시간 고생하셔서 이번엔 성분이 좋은 제품을 사용하고 싶어요. |

## 염색약 성분 분석

| 염색약 | 가격(원) | 형태 | 알레르기 유발 주의 성분 | 천연 염모제 | 색상 |
|---|---|---|---|---|---|
| A회사 염색약 | 9,000 | 거품 | 착향제 – Butylphenyl Methylpropional | 헤나 | 검정색 |
| B회사 염색약 | 9,500 | 크림 | 향료 – Linalool | 인디고 | 갈색 |
| C회사 염색약 | 12,000 | 거품 | 미확인 | 헤나 | 검정색 |
| D회사 염색약 | 5,000 | 크림 | 미확인 | 인디고 | 갈색 |

**15** 염색약 성분 분석표를 참고하여 고객의 요구사항에 맞는 염색약을 추천해 주기 위해 가장 우선적으로 고려해야 하는 항목은?

① 가격 　　　　　② 형태 　　　　　③ 성분 　　　　　④ 색상

**16** 디자이너 M씨가 고객의 요구사항을 고려하여 추천할 염색약으로 가장 적절한 것은?

① A회사 염색약 　　　　　② B회사 염색약

③ C회사 염색약 　　　　　④ D회사 염색약

Memo

[17~18번 문항] 서로 연관된 세트문항입니다.
○○어류 도매업자 K씨(경매 ID=728번)는 ◇◇수협에서 실시하는 수산물 전자 경매에 참여하여 주꾸미를 낙찰받고자 한다. 다음 상황과 자료를 보고 질문에 답하시오.

## 경매장 이동식 전광판
### ◇◇수협

| 생산자 | 품명 | 중량 | 등급 | 수량 | 경락단가 | 낙찰자 |
|---|---|---|---|---|---|---|
|  |  |  |  |  |  |  |
|  |  |  |  |  |  |  |

| 구분 | | 항목 내용 |
|---|---|---|
| 전광판 | 초록색 | 낙찰(완료)된 경매 정보 |
| | 노란색 | 진행 중인 경매 품목 정보 |
| | 빨간색 | 대기 중인 경매 품목 정보 |

| 전자 경매 절차 | | |
|---|---|---|
| 경매 과정 | 시작 | 경매 품목 확인 후 응찰 여부 결정 |
| | 응찰(희망 시) | 희망 구매가격(경락단가) 입력 후 응찰 버튼 누름 |
| | 추가응찰(희망 시) | 낙찰되지 않았을 때 더 높은 가격 입력 후 응찰 버튼 누름 |
| | 종료(낙찰) | 추가응찰자 부재 시 현재 최고 구매가로 최종 낙찰자 결정 |

| 구분 | | 무선 응찰기 사용 방법 |
|---|---|---|
| 경매 과정 | 시작 | 무선 응찰기에 경매 품목 표시되는 것 확인 |
| | 응찰(희망 시) | 희망 구매가격(경락단가) 입력 후 응찰 버튼 누름 |
| | 추가응찰(희망 시) | 전광판의 경락단가보다 높은 가격 입력 후 응찰 버튼 누름 (동일하거나 낮은 가격 입력 시 처리되지 않음) |
| | 종료(낙찰) | 모든 입력 화면 사라진 후 "경매종료" 글귀 표시 |

Memo

**17** K씨가 주꾸미를 낙찰받기 위해 추가응찰을 하고자 할 때, 눌러야 할 무선 응찰기 버튼 순서로 옳은 것은?

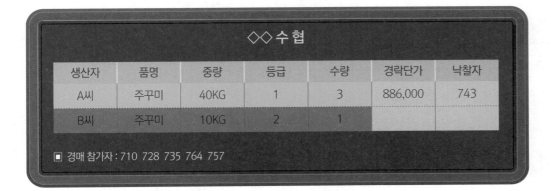

| 생산자 | 품명 | 중량 | 등급 | 수량 | 경락단가 | 낙찰자 |
|---|---|---|---|---|---|---|
| A씨 | 주꾸미 | 40KG | 1 | 3 | 886,000 | 743 |
| B씨 | 주꾸미 | 10KG | 2 | 1 | | |

◇◇수 협

■ 경매 참가자 : 710  728  735  764  757

① 응찰 → 8 → 8 → 8 → 0 → 00
② 응찰 → 8 → 8 → 6 → 0 → 00
③ 8 → 8 → 6 → 0 → 00 → 응찰
④ 8 → 8 → 8 → 0 → 00 → 응찰

**18** 오늘 거래된 주꾸미의 일일경락가격을 확인한 K씨가 내린 결론으로 가장 적절한 것은?

| 생산자 | 품명 | 중량 | 등급 | 수량 | 경락단가 | 낙찰자 |
|---|---|---|---|---|---|---|
| A씨 | 주꾸미 | 40KG | 1 | 3 | 890,000 | 728 |
| B씨 | 주꾸미 | 10KG | 2 | 1 | | |

◇◇수 협

■ 경매 참가자 : 710  728  735  764  757

| 품목 | 품종 | 중량 | 수량 | 최저가 | 경락단가 | 평균가 |
|---|---|---|---|---|---|---|
| 주꾸미 | 봄 주꾸미 | 40KG | 3 | 720,000 | 890,000 | 805,000 |

① 평균가격보다 너무 낮게 낙찰을 받았군.

② 좋은 등급의 주꾸미를 낙찰받아 기쁘군.

③ 다음 경매에는 최저가로 응찰을 해봐야겠군.

④ 평균 시세보다 높게 낙찰받았으니 다음번에는 경매가를 낮춰야겠군.

[ 19~20번 문항 ] 서로 연관된 세트문항입니다.
□□가구에 근무하는 S씨가 팀장과 제품 분석 회의를 하고 있다. 다음 자료를 보고 이어지는 물음에 답하시오.

---

**팀장** 요즘 상담 신청 내용 중에 40~50대 상담 전화가 부쩍 늘었어요. 특히 할인 상품에 대한 문의가 엄청납니다. 출시된 지 세 달 만에 우리 제품이 드라마에 나왔다면서요?

**S씨** 네, 가스레인지와 거실등 제품이 방송에 나왔습니다. 드라마 한 장면에서 여주인공이 깜빡 잊고 가스불과 거실등을 끄지 않고 나왔는데 스마트폰으로 원격 조정하는 장면이 방송되었습니다.

**팀장** 다른 회사들보다 먼저 IoT[1] 기술을 도입한 제품이 반응이 좋군요. 20~30대의 반응은 어떤가요?

**S씨** 20~30대의 경우 1인 가구 비율이 높다 보니 저희 회사 제품에 대한 반응이 40~50대보다 좋습니다. 가스레인지 제품을 검색한 20~30대의 비율은 저번 주에 비해 12% 상승하였고, 홈페이지에 탑재한 거실등 상품은 6개월 전부터 20~30대 고객들의 예약 주문이 지속적으로 상승하고 있습니다.

[1]**사물인터넷**(Internet of Things) : 사물에 센서를 부착해 실시간으로 데이터를 인터넷으로 주고받는 기술이나 환경을 말한다.

---

| 제품 수명주기 관리(Product Lifecycle Management, PLM) 제품의 전 생명주기를 통해 제품 관련 정보와 주기를 관리하는 것 | |
|---|---|
| 도입기 | 제품이 출시되어 소비자들이 알아가는 단계 |
| 성장기 | 제품의 수요와 이익이 증가되는 단계 |
| 성숙기 | 제품 수요의 정점과 이익이 점차 감소하는 단계 |
| 쇠퇴기 | 매출과 이익이 전체적으로 감소하는 단계 |

### PLC (제품 수명주기)

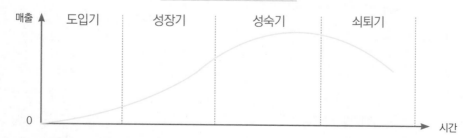

**19** S씨가 분석한 20~30대의 제품 수명주기로 가장 적절한 것은?

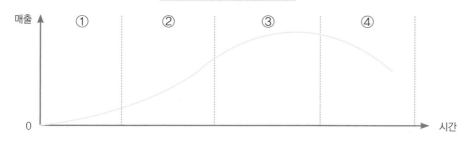

**20** 팀장과 S씨의 대화 내용으로 볼 때, 40~50대의 제품 판매량을 늘리기 위한 상담 내용으로 가장 적절한 것은?

① IoT의 개념과 활용 가능성에 대해 설명한다.

② 20~30대가 중점적으로 구매하는 제품을 홍보한다.

③ 드라마의 여주인공도 사용한다는 점을 부각하여 설명한다.

④ 가스레인지와 거실등 상품을 같이 구입 시 할인되는 결합 상품을 안내한다.

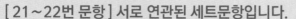

## 2 문제해결 영역

Memo

[ 21~22번 문항 ] 서로 연관된 세트문항입니다.
△△소프트에 근무하는 H씨는 새로 구성될 MMORPG 게임 개발 TF팀 참가 희망 사원들의 자료를 정리하고 있다. 다음 상황과 자료를 잘 보고 이어지는 물음에 답하시오.

### TF팀 참가 신청표

| 이름 | 부서 | 직급 | 사원번호 | 총 개발경력 | 신청일 |
|---|---|---|---|---|---|
| A | 영업 | 주임 | 131132 | 없음 | 2019.03.28. |
| B | 총무 | 사원 | 162162 | 3년 | 2019.04.26. |
| C | 개발 | 사원 | 174371 | 4년 | 2019.04.07. |
| D | 회계 | 과장 | 071165 | 14년 | 2019.03.18. |
| E | 법무 | 대리 | 155232 | 없음 | 2019.05.03. |
| F | 개발 | 팀장 | 054375 | 13년 | 2019.06.15. |
| G | 인사 | 과장 | 033212 | 없음 | 2019.04.21. |

### 〈기존 사원번호 체계〉

| (가) | (나) | (다) | (라) | (마) | (바) |
|---|---|---|---|---|---|

☞ (가), (나) : 입사년도 뒤의 두 자리　　예) 2009년 → 09
☞ (다) : 근무지역

| 서울본사 | 인천사업부 | 부산사업부 | 제주사업부 | 해외파견 |
|---|---|---|---|---|
| 1 | 2 | 3 | 4 | 5 |

☞ (라), (마) : 부서코드

| 영업 | 총무 | 회계 | 인사 | 법무 | 개발 | 자재 |
|---|---|---|---|---|---|---|
| 13 | 15 | 16 | 21 | 23 | 37 | 39 |

☞ (바) : 검증코드
　(가) + (나) + (다) + (라) + (마)를 7로 나눈 나머지 값

### 〈 새로운 사원번호 체계 〉

| (가) | (나) | (다) | (라) | (마) |
|---|---|---|---|---|

☞ (가), (나) : 신청 월 두 자리　　예) 3월 → 03
☞ (다), (라) : 개발경력 + 3　　예) 개발경력이 5년인 경우 → 08
☞ (마) : TF팀 고유번호 9

### 〈TF팀장 선출 기준〉
개발경력 + (19 - 입사년도 두 자리) + (6 - 근무지역) 의 점수가 가장 높은 직원

**21** H씨는 작성한 참가 신청표를 사내 인사 시스템에 입력하던 중 사원번호 오류를 발견하였다. 사원번호에 오류가 있는 직원을 모두 고른 것은?

① A, B

② B, D

③ D, F

④ F, G

**22** H씨가 아래 사장의 요구에 따라 선임된 팀장의 사원증을 제작한 것으로 옳은 것은? (단, 사원증에는 사진과 새로운 사원번호만 표기한다.)

> **사장** 이번 TF팀장은 아직 발표하지 않았지만 팀장의 사원증은 미리 제작해 두려고 합니다. H씨가 팀장 선출 기준을 보고 팀장에 해당되는 직원의 새로운 사원증을 만들어 주세요.

①

②

③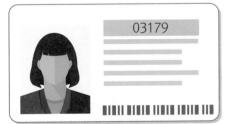

④

Memo

[23~24번 문항] 서로 연관된 세트문항입니다.
◇◇카드에 근무하는 J씨가 부장의 지시를 받고 회의 준비를 하고 있다. 다음 자료를
보고 이어지는 물음에 답하시오.

> **부장** J씨, 우리 팀에서 새로 발행하게 될 카드와 판매 중단할 카드에 대해 대표님과
> 전무님들 모시고 다음 주에 협의회를 하기로 했어요. 회의실 자리 배치 방법과
> 참석자 명단을 확인하고 중요한 자리인 만큼 명패도 함께 준비하면 좋을 것 같
> 네요. 전무님은 총 두 분이 참석하실 예정인데 전무님들까지 모두 상석에 앉을
> 수 있는 ㄷ자형 회의실로 예약해 주세요. 참, 그리고 적은 숫자일수록 높은 서
> 열의 자리입니다. 참고하세요.

### 〈회의실 자리 배치 방법〉

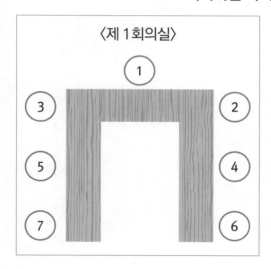

〈제 1회의실〉

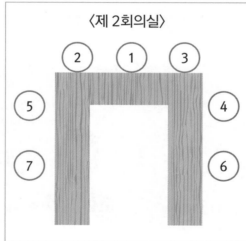

〈제 2회의실〉

### 회의 참석자 명단 (직위순)

| 직 책 | 성 명 | 직 책 | 성 명 |
|------|------|------|------|
| 대표 | 김국어 | 이사 | 황수학 |
| 전무 | 이영어 | 부장 | 최체육 |
| 전무 | 황사회 | 과장 | 서미술 |
| 이사 | 강과학 | | |

**23** 부장으로부터 전달받은 내용과 자료를 보고 회의실 준비와 관련하여 J씨가 취할 행동으로 가장 적절한 것은?

① 총 몇 분이 참석하시는지 다시 여쭈어봐야겠다.

② 상석에 앉을 인원이 정해져 있으니 2회의실을 예약해야겠다.

③ 전무와 이사가 모두 두 명씩이니 나이도 함께 조사해야겠다.

④ 직위에 맞춰 자리를 배치하니까 명패는 준비하지 않아도 되겠다.

**24** J씨가 준비한 회의실 자리 배치로 가장 적절한 것은?

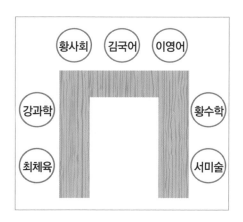

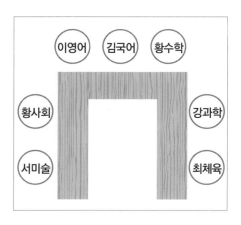

**25** (주)우리교육컨설팅에 근무하는 M씨가 회사 홈페이지 kr도메인 신청과 관련해 사장으로부터 다음과 같은 업무 지시를 받았을 때 최종 선택할 도메인으로 옳은 것은?

> **사장** 홈페이지는 회사의 특성을 가장 잘 나타낼 수 있어야 합니다. 주로 교육과 수업에 대한 연구를 진행하는 특징을 가장 잘 나타내는 도메인이면 좋겠어요. 홈페이지를 통한 이익이 극대화되기를 기대합니다.

### 〈도메인명 조합 규칙 안내〉

- 영문 대/소문자 구분 없이 [A-z], 숫자 [0-9] 또는 하이픈[-]의 조합으로만 표현되어야 하며, 최소 2자에서 최대 63자까지 가능합니다.
- 하이픈(-)으로 시작하거나 끝날 수 없고, 그 외의 기호는 사용할 수 없습니다.
- 한글도메인은 최소 2자 이상 17자 이하여야 합니다.

### kr 도메인 등록자격

| 도메인 종류 | 해당영역 | 등록자격 |
|---|---|---|
| .co.kr (영문) | 영리 | 제한 없음 |
| .kr (한글/영문) | 영리 | |
| .re.kr (영문) | 연구 | |
| .ne.kr (영문) | 네트워크 | |
| .pe.kr (영문) | 개인 | |
| .or.kr (영문) | 비영리 | 비영리 목적으로만 등록 가능 |
| .ac.kr (영문) | 대학(원) | 교육기본법, 고등교육법, 기타 특별법에 의한 교육기관 |
| .hs.kr (영문) | 고등학교 | 교육기본법 및 초/중등교육법에 의한 고등학교/고등기술학교 |
| .ms.kr (영문) | 중학교 | 교육기본법 및 초/중등교육법에 의한 중학교/고등공민학교 |
| .es.kr (영문) | 초등학교 | 교육기본법 및 초/중등교육법에 의한 초등학교/공민학교 |

---

**1단계** 희망하는 도메인을 검색하세요.

도메인 검색하기 | 예) 나의 도메인 | 검색

---

① woori-edu.or.kr
② woori-edu.re.kr
③ woori-edu.pe.kr
④ woori-edu.ac.kr

**26** ○○레스토랑에 근무하는 N씨는 점장으로부터 재해 예방을 위해 스티커를 부착하라
는 지시를 받았다. N씨가 주요 재해 내용을 보고 스티커를 부착할 때 적합하지 <u>않은</u>
것은?

## 주요 산업재해

**발생 원인**
- 바닥 물기나 음식물 찌꺼기로 미끄러움
- 정리정돈 미실시로 통로 확보 미흡
- 슬리퍼 등 미끄러질 수 있는 신발 착용

**예방 대책**
- 바닥은 항상 깨끗하고 건조한 상태 유지
- 안전한 이동통로 확보 및 정리정돈 실시
- 미끄럼 방지 기능이 있는 신발 착용

**발생 원인**
- 면장갑 착용
- 투입 보조 도구 미사용
- 전원 차단 미확인 및 안전 · 보건 표지 미흡

**예방 대책**
- 면장갑 착용 금지
- 투입봉 등의 기구를 사용하여 작업 실시
- 청소, 점검, 이물질 제거 시 전원 차단 철저

**발생 원인**
- 화상 사고 예방을 위한 적합한 보호구 미착용
- 용기의 용량을 초과하여 조리 운반
- 화상재해 발생 위험에 대한 안전 인식 부족

**예방 대책**
- 뜨거운 음식 용기를 취급 시 보호 장갑 착용
- 용기 안의 음식물이 넘치지 않도록 적당량 취급
- 화상재해 예방에 대한 교육 실시

**발생 원인**
- 식자재별 적합한 도구를 사용하지 않음
- 보호구를 착용하지 않음
- 주변인과 잡담 등으로 작업에 집중하지 않음

**예방 대책**
- 야채, 생선, 육류 등 취급 시 베임 방지용 장갑 착용
- 칼 및 전처리 작업 시 집중 및 잡담 금지
- 절단, 다듬기, 발육 작업 시 몸 바깥 방향으로 칼 작업

①  고온경고

②  낙하물경고

③  넘어짐주의

④  베임·찔림주의

Memo

[ 27~28번 문항 ] 서로 연관된 세트문항입니다.
△△기획사에 근무하는 P씨는 부장으로부터 사내 PC 교체에 대한 업무 메일을 아래와 같이 수신하였다. 주어진 상황과 내용을 잘 보고 이어지는 물음에 답하시오.

---

### 기획사 업무메일       — □ ✕

발신인 : 총무부장
발신일시 : 2019-06-05, 09:37:05
제목 : 교체 대상 PC에 관한 내용

P씨, 총부부장입니다. 이번에 사내 PC를 일부 교체하려고 합니다. 대상 PC는 사내 PC 교체 기준에 따라 이루어지니 첨부파일을 열어 오늘 날짜를 기준으로 어느 PC가 교체 대상이고 몇 대인지 알아봐 주세요. 또한 부품 교체 대상 PC의 경우 신규 PC 사양과 같은 부품을 구입하려고 합니다. 따라서 부품별 필요 수량도 파악해 주세요. 출장 복귀 후 검토 예정이니 빠른 처리 부탁합니다.

📁 첨부파일

■ PC 교체 및 부품 교체 기준

| PC 교체 기준 | | 구입일자 기준 만 5년 이상 경과한 PC |
|---|---|---|
| 부품 교체 기준 | CPU | 3.0GHz 미만 |
| | RAM | 4GB 미만 |
| | HDD | 500GB 미만 |

■ 신규 PC 사양

| CPU | RAM | HDD |
|---|---|---|
| 4.0GHz | 8GB | 1TB |

■ 사내 PC 보급 현황

| 이름 | 부서 | PC관리번호 | 이름 | 부서 | PC관리번호 |
|---|---|---|---|---|---|
| 안중근 | 관리 | 20180332160512 | 안창호 | 행사 | 20140827030512 |
| 유관순 | 회계 | 20131224040256 | 김구 | 관리 | 20140424040256 |
| 이봉창 | 행사 | 20190340161000 | 윤봉길 | 디자인 | 20160128040400 |
| 이육사 | 홍보 | 20151129040256 | 김규식 | 마케팅 | 20150930030500 |

■ PC관리번호 15자리 부여 체계 예시

| 2019 | 06 | 40 | 16 | 0256 |
|---|---|---|---|---|
| 구입년도 | 구입 월 | CPU(4.0GHz) | RAM(16GB) | HDD(256GB) |

SEND   🗑 | ▼      A 😊 🖼 📎

**27** P씨가 파악한 신규 교체 대상 PC의 사용자로 올바른 것은?

① 유관순, 안창호

② 유관순, 김구

③ 안창호, 김구

④ 유관순, 안창호, 김구

**28** P씨가 총무부장으로부터 다음과 같은 지시를 받았을 때 작성해야 할 표로 올바른 것은?

> **총무부장** P씨, 부품 교체 대상 PC는 모두 파악이 되었나요? 그러면 품목별로 필요 수량을 정리해서 표로 작성해 주세요. 부품은 절대 남거나 부족하면 안 되니 정확한 수량으로 부탁합니다.

① 

| 품목 | 수량 |
|------|------|
| CPU | 4 |
| RAM | 4 |
| HDD | 3 |

② 

| 품목 | 수량 |
|------|------|
| CPU | 4 |
| RAM | 5 |
| HDD | 2 |

③ 

| 품목 | 수량 |
|------|------|
| CPU | 3 |
| RAM | 4 |
| HDD | 3 |

④ 

| 품목 | 수량 |
|------|------|
| CPU | 3 |
| RAM | 2 |
| HDD | 2 |

## 문제해결 영역

Memo

[ 29~30번 문항 ] 서로 연관된 세트문항입니다.
강원도에서 고추밭을 운영하는 농업인 K씨는 농촌진흥청 애플리케이션을 통해 [농업소식 알리미]탭으로부터 다음과 같은 자료를 얻었다. 자료를 보고 이어지는 물음에 답하시오.

### 농업소식 알리미
농촌진흥청

| 6월 | 7월 | 8월 | 9월 |
|---|---|---|---|

- 고추 역병은 6월 초순부터 발생해 장마기에 주로 확장됩니다.
- 8월과 9월은 고추 역병이 가장 심해지는 기간이므로 각별히 주의해 주시기 바랍니다.
- 고추 역병 외에도 토양이 장기간 과하게 습하거나 배수가 불량하면 고추가 병에 걸리기 때문에 매일 확인하고 문제가 없는지 점검해야 합니다.

**29** 고추에 대한 역병 자료를 참고하여 K씨가 내린 결론으로 가장 적절한 것은?

① 6월만 조심하면 고추 역병은 문제없겠군.
② 장마기를 주의하면 고추 역병은 피할 수 있겠군.
③ 최근 배수 공사를 했으니 토양만 신경 쓰면 되겠군.
④ 수시로 토양과 배수 상태를 점검하고 신경쓰는 게 좋겠군.

**30** K씨가 고추 역병을 대비하기 위한 시기로 가장 적절한 것은?

① 6~8월      ② 6~9월      ③ 7~10월      ④ 9~11월

[ 31~32번 문항 ] 서로 연관된 세트문항입니다.
◇◇ IT솔루션에 근무하는 M씨가 4차 산업 관련 단기 특강을 구성하고자 한다. 다음 상황과 자료를 보고 이어지는 물음에 답하시오.

| 팀장 | 작년에 이어 올해도 4차 산업 관련 단기 특강을 개설해야 합니다. M씨가 책임 지고 진행해 주면 좋겠어요. 작년에 운영한 자료를 줄 테니 참고해서 과정별 로 동일한 진행 시간을 기준으로 프로그램을 구성해 주세요. 같은 프로그램이 1, 2로 구분된 경우 반드시 순서를 지켜 주시고, 묶어서 개설할 경우 프로그램 명 뒤의 숫자는 표시하지 않아도 됩니다. 마찬가지로 하나의 프로그램을 나누 어 개설할 경우 프로그램명 뒤에 숫자를 순서대로 붙여 주세요. 나머지는 순 서와 상관이 없습니다. 또한 참가자들에게 준비물 및 안내할 내용도 파악해 주세요. |

## ◑ 2018년 4차 산업 관련 단기 특강 일정표

| 시간 | 1일차 | 2일차 | 3일차 |
|---|---|---|---|
| 08:00~09:00 | | 아침식사 | 아침식사 |
| 09:00~10:00 | 입소식, 교육안내 | Smart CAR 해킹 / 보안 1 | 창의적 사고 기법 2 |
| 10:00~11:00 | 4차 산업의 개념 및 핵심 기술 | | 가상 프로젝트 해결을 위한 팀 구성 및 소통 〈교육시간 미포함〉 |
| 11:00~12:00 | | | |
| 12:00~13:00 | 점심식사 | 점심식사 | 점심식사 |
| 13:00~14:00 | 지능형 IoT 시스템 구현 〈Python 프로그래밍을 위한 노트북 개별 지참 필수〉 | Smart CAR 해킹 / 보안 2 | 프레젠테이션의 기술 |
| 14:00~15:00 | | | 팀별 가상 프로젝트 발표 〈교육시간 포함〉 |
| 15:00~16:00 | | 무선 공유기(AP) 및 IP CCTV 해킹 / 보안 〈공유기 지급〉 | |
| 16:00~17:00 | | | |
| 17:00~18:00 | 창의적 사고 기법 1 | | |
| 18:00~19:00 | 저녁식사 | 저녁식사 | 퇴소 |
| 19:00~21:00 | 팀별 친교 및 자유시간 | 팀별 친교 및 자유시간 | |
| 21:00~ | 취침 | 취침 | |

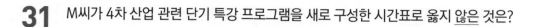

**31** M씨가 4차 산업 관련 단기 특강 프로그램을 새로 구성한 시간표로 옳지 <u>않은</u> 것은?

①

| 시간 | 1일차 | 2일차 | 3일차 |
|---|---|---|---|
| 08:00~09:00 | | 아침식사 | 아침식사 |
| 09:00~10:00 | 입소식, 교육안내 | 무선 공유기(AP) 및 IP CCTV 해킹 / 보안 〈공유기 지급〉 | 팀별 가상 프로젝트 발표 〈교육시간 포함〉 |
| 10:00~11:00 | 4차 산업의 개념 및 핵심 기술 | | |
| 11:00~12:00 | | | |
| 12:00~13:00 | 점심식사 | 점심식사 | 점심식사 |
| 13:00~14:00 | 창의적 사고 기법 | | 지능형 IoT 시스템 구현 〈Python 프로그래밍을 위한 노트북 개별 지참 필수〉 |
| 14:00~15:00 | | Smart CAR 해킹 / 보안 | |
| 15:00~16:00 | 가상 프로젝트 해결을 위한 팀 구성 및 소통 〈교육시간 미포함〉 | | |
| 16:00~17:00 | | | |
| 17:00~18:00 | 프레젠테이션의 기술 | | |
| 18:00~19:00 | 저녁식사 | 저녁식사 | 퇴소 |
| 19:00~21:00 | 팀별 친교 및 자유시간 | 팀별 친교 및 자유시간 | |
| 21:00~ | 취침 | 취침 | |

②

| 시간 | 1일차 | 2일차 | 3일차 |
|---|---|---|---|
| 08:00~09:00 | | 아침식사 | 아침식사 |
| 09:00~10:00 | 입소식, 교육안내 | 무선 공유기(AP) 및 IP CCTV 해킹 / 보안 1 〈공유기 지급〉 | 창의적 사고 기법 2 |
| 10:00~11:00 | 4차 산업의 개념 및 핵심 기술 | | 팀별 가상 프로젝트 발표 〈교육시간 포함〉 |
| 11:00~12:00 | | 창의적 사고 기법 1 | |
| 12:00~13:00 | 점심식사 | 점심식사 | 점심식사 |
| 13:00~14:00 | Smart CAR 해킹 / 보안 | 가상 프로젝트 해결을 위한 팀 구성 및 소통 〈교육시간 미포함〉 | 지능형 IoT 시스템 구현 〈Python 프로그래밍을 위한 노트북 개별 지참 필수〉 |
| 14:00~15:00 | | | |
| 15:00~16:00 | | 프레젠테이션의 기술 | |
| 16:00~17:00 | | 무선 공유기(AP) 및 IP CCTV 해킹 / 보안 2 〈공유기 지급〉 | |
| 17:00~18:00 | | | |
| 18:00~19:00 | 저녁식사 | 저녁식사 | 퇴소 |
| 19:00~21:00 | 팀별 친교 및 자유시간 | 팀별 친교 및 자유시간 | |
| 21:00~ | 취침 | 취침 | |

③

| 시간 | 1일차 | 2일차 | 3일차 |
|---|---|---|---|
| 08:00~09:00 | | 아침식사 | 아침식사 |
| 09:00~10:00 | 입소식, 교육안내 | Smart CAR 해킹 / 보안 1 | Smart CAR 해킹 / 보안 2 |
| 10:00~11:00 | 4차 산업의 개념 및 핵심 기술 | | |
| 11:00~12:00 | | 창의적 사고 기법 2 | |
| 12:00~13:00 | 점심식사 | 점심식사 | 점심식사 |
| 13:00~14:00 | 지능형 IoT 시스템 구현 1 〈Python 프로그래밍을 위한 노트북 개별 지참 필수〉 | 무선 공유기(AP) 및 IP CCTV 해킹 / 보안 〈공유기 지급〉 | 프레젠테이션의 기술 |
| 14:00~15:00 | | | 팀별 가상 프로젝트 발표 〈교육시간 포함〉 |
| 15:00~16:00 | 창의적 사고 기법 1 | | |
| 16:00~17:00 | 지능형 IoT 시스템 구현 2 〈Python 프로그래밍을 위한 노트북 개별 지참 필수〉 | 가상 프로젝트 해결을 위한 팀 구성 및 소통 〈교육시간 미포함〉 | |
| 17:00~18:00 | | | |
| 18:00~19:00 | 저녁식사 | 저녁식사 | 퇴소 |
| 19:00~21:00 | 팀별 친교 및 자유시간 | 팀별 친교 및 자유시간 | |
| 21:00~ | 취침 | 취침 | |

④

| 시간 | 1일차 | 2일차 | 3일차 |
|---|---|---|---|
| 08:00~09:00 | | 아침식사 | 아침식사 |
| 09:00~10:00 | 입소식, 교육안내 | 무선 공유기(AP) 및 IP CCTV 해킹 / 보안 〈공유기 지급〉 | 창의적 사고 기법 2 |
| 10:00~11:00 | 4차 산업의 개념 및 핵심 기술 | | Smart CAR 해킹 / 보안 3 |
| 11:00~12:00 | | | |
| 12:00~13:00 | 점심식사 | 점심식사 | 점심식사 |
| 13:00~14:00 | 가상 프로젝트 해결을 위한 팀 구성 및 소통 〈교육시간 미포함〉 | 창의적 사고 기법 1 | 지능형 IoT 시스템 구현 〈Python 프로그래밍을 위한 노트북 개별 지참 필수〉 |
| 14:00~15:00 | | 팀별 가상 프로젝트 발표 〈교육시간 포함〉 | |
| 15:00~16:00 | 프레젠테이션의 기술 | | |
| 16:00~17:00 | Smart CAR 해킹 / 보안 1 | | |
| 17:00~18:00 | | Smart CAR 해킹 / 보안 2 | |
| 18:00~19:00 | 저녁식사 | 저녁식사 | 퇴소 |
| 19:00~21:00 | 팀별 친교 및 자유시간 | 팀별 친교 및 자유시간 | |
| 21:00~ | 취침 | 취침 | |

**32** M씨가 4차 산업 관련 단기 특강 프로그램을 구성할 때 고려해야 할 내용으로 적절하지 <u>않은</u> 것은?

① 합숙 형태로 진행되기 때문에 개인 준비 물품을 안내해야 하는구나.

② 총 교육시간은 20시간이고 발표를 위한 장소도 준비해야 하는구나.

③ 노트북과 공유기를 반드시 지참하라고 안내를 해야 하는구나.

④ 아침식사, 점심식사, 저녁식사를 모두 합해 7번 준비해야 하는구나.

[ 33~36번 문항 ] 서로 연관된 세트문항입니다.
□□스마트 팜에 근무하는 K씨는 상추 재배 방법에 관한 자료를 참고하여 내일(5월 7일)부터 상추를 재배하려고 한다. 다음 상황과 자료를 보고 이어지는 물음에 답하시오.

## 스마트 팜에서 상추 재배 방법

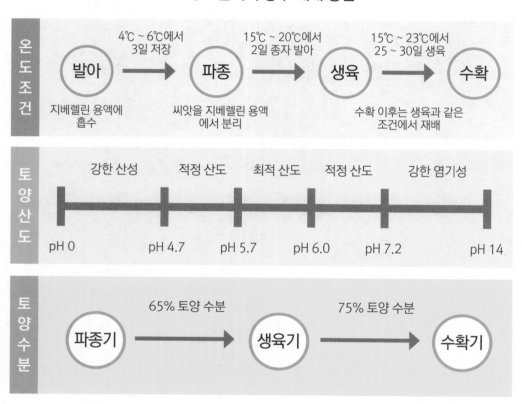

**온도조건**

| 발아 | → | 파종 | → | 생육 | → | 수확 |

- 발아: 4℃ ~ 6℃에서 3일 저장 / 지베렐린 용액에 흡수
- 파종: 15℃ ~ 20℃에서 2일 종자 발아 / 씨앗을 지베렐린 용액에서 분리
- 생육: 15℃ ~ 23℃에서 25 ~ 30일 생육 / 수확 이후는 생육과 같은 조건에서 재배

**토양산도**

강한 산성 | 적정 산도 | 최적 산도 | 적정 산도 | 강한 염기성
pH 0 | pH 4.7 | pH 5.7 | pH 6.0 | pH 7.2 | pH 14

**토양수분**

| 파종기 | →(65% 토양 수분)→ | 생육기 | →(75% 토양 수분)→ | 수확기 |

## 현재 K씨 스마트 팜의 디지털 환경정보

온도 정보
15℃
토양 수분센서 정보
65%
토양 산도 정보
pH 5.8

- 온도 : 현재 스마트 팜 내부의 온도를 나타냅니다.
- 토양 수분센서 : 토양에 포함된 수분의 함유율을 백분율로 나타냅니다.
- 토양 산도 : 토양의 산성, 알칼리성 정보를 pH값으로 나타냅니다.

**33** 다음 중 K씨가 상추 재배 전 기간에 걸쳐 일정한 수준으로 유지시켜야 할 것은?

① 온도                          ② 토양 산도

③ 토양 수분                    ④ 토양 산도와 토양 수분


**34** K씨가 내일 작업을 한다고 할 때, 스마트 팜을 최적의 상태로 조성하기 위해 취할 수 있는 행동은?

① 온도를 10℃ 만큼 내린다.        ② 온도를 10℃ 만큼 올린다.

③ 토양에 수분을 10% 만큼 내린다.   ④ 토양에 수분을 10% 만큼 올린다.


**35** 다음은 K씨가 상추 재배 작업의 주요 시기별 환경 조절 계획을 정리한 표이다. K씨의 계획에서 수정이 필요한 시기는?

| 선택사항 | 환경 조절 | | |
|---|---|---|---|
| | 온도조건 | 토양 산도 | 토양 수분 |
| 지베렐린 용액에 흡수시키는 시기 | 5℃ | pH 5.8 | 65% |
| 종자를 발아시키는 시기 | 17℃ | pH 5.8 | 65% |
| 상추를 생육하는 시기 | 20℃ | pH 6.0 | 75% |
| 상추를 수확한 이후 | 25℃ | pH 6.0 | 75% |

① 지베렐린 용액에 흡수시키는 시기     ② 종자를 발아시키는 시기

③ 상추를 생육하는 시기                ④ 상추를 수확한 이후


**36** 상추 재배를 위한 최적의 환경을 유지시킨다고 가정할 때 K씨가 예상할 수 있는 최초 상추 수확 시기는?

① 5월 12일 ~ 5월 16일            ② 5월 21일 ~ 5월 25일

③ 5월 30일 ~ 6월 3일             ④ 6월 6일 ~ 6월 10일

## 2 문제해결 영역

Memo

[ 37~40번 문항 ] 서로 연관된 세트문항입니다.
△△출판사에 근무하는 사원 L씨가 새로 출판할 여행 책 『떠나자 파라다이스』의 국제표준도서번호(ISBN) 오류사항을 확인하고자 한국문헌정보센터 홈페이지에 접속하였다. 이어지는 상황과 자료를 보고 물음에 답하시오.

과장  L씨, 이번에 새로 출판할 여행 책 『떠나자 파라다이스』의 국제표준도서번호가 잘못된 것 같아요. 『떠나자 파라다이스』 책의 ISBN을 확인해서 어느 부분이 잘못된 것인지 확인 부탁드려요.

값 13,500원

0 3 9 1 0

9 781163 020869
ISBN  978-11-6302-086-9

## 국제표준도서번호 (ISBN)의 구성

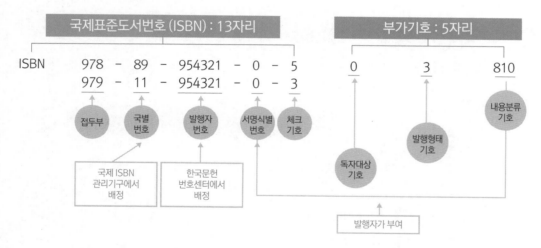

| 선택 | ISBN / 설명 |
|---|---|
| 1단계 | 978 또는 979 (3자리 숫자) |
| 2단계 | 89 또는 11 (접두부 978일 때 89 / 접두부가 979일 때 11) |
| 3단계 | 발행자번호 (2~6자리) |
| 4단계 | 서명식별번호 (출판물 발행 시 순차적으로 부여하는 번호)<br>발행자번호 + 서명식별번호 = 7자리 |
| 5단계 | 체크기호 (ISBN 마지막 한 자리 숫자) |
| 6단계 | 부가기호 (5자리) |

**37** 과장에게서 받은 ISBN을 보고 L씨가 파악한 오류 사항으로 옳은 것은?

① 부가기호를 부여받지 못했구나.

② 발행자번호가 잘못되었구나.

③ 국별번호를 잘못 부여받았구나.

④ ISBN과 바코드 왼쪽 아래에 표기된 내용이 일치하지 않는구나.

**38** 『떠나자 파라다이스』 책의 ISBN 오류사항을 고친 후, 다음으로 출판될 여행 책의 체크기호를 자동으로 생성하려 한다. L씨가 한국문헌정보센터에서 프로그램을 다운받아 입력할 발행자번호와 서명식별번호로 가장 적절한 것은?

① 발행자번호(6302)-서명식별번호(086)

② 발행자번호(6302)-서명식별번호(087)

③ 발행자번호(630208)-서명식별번호(6)

④ 발행자번호(630208)-서명식별번호(7)

**2** 문제해결 영역

**39** L씨는 새로 출간할 유럽 여행 책의 〈내용분류기호〉 선택 방법을 알기 위해 한국문헌 정보센터에서 관련 자료를 찾았다. 다음 자료를 참고하여 L씨가 선택할 〈내용분류기호〉로 가장 적절한 것은?

〈내용분류기호〉(제3행~5행)

- 제 3행 : 세로줄에서 한 자리 선택
- 제 4행 : 세로줄에서 선택한 주제의 세부 분야를 가로줄에서 한 자리 선택
- 제 5행 : '0'으로 사용한다.

| 기호 | 내용 | 1 | 2 | 3 | 4 |
|---|---|---|---|---|---|
| 7 | 언어 | 한국어 | 중국어 | 일본어 | 영어 |
| 8 | 문학 | 한국문학 | 중국문학 | 일본문학 | 영미문학 |
| 9 | 역사, 지리, 관광 | 아시아 | 유럽 | 아프리카 | 북아메리카 |

① 740   ② 840   ③ 920   ④ 940

**40** 새로 출간할 유럽 여행 책의 내용이 많은 관계로 상권과 하권으로 나눠 출판할 예정이다. 다음 〈발행형태기호표〉를 참고하여 작성한 부가기호로 가장 적절한 것은?

**발행형태기호표**

| 기호 | 0 | 1 | 2 | 3 | 4 | 5 | 6 | 7 |
|---|---|---|---|---|---|---|---|---|
| 형태 | 문고본 | 사전 | 신서판 | 단행본 | 전집, 다권본 | 전자 출판물 | 도감 | 그림책, 만화 |

① 03740   ② 04920
③ 04940   ④ 44920

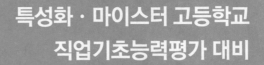

특성화 · 마이스터 고등학교
직업기초능력평가 대비

# 모의고사 3회

## 업무처리능력군
## 문제해결 영역

# 문제해결 영역

**01** ○○스마트에 근무하는 P씨는 다음 주에 진행되는 개발자 워크숍에 필요한 물품을 구매하기 위한 조건들을 확인하고 있다. 아래 내용을 보고 P씨가 구매해야 할 물품에 모두 체크하시오.

---

**팀장** P씨, 다음 주에 진행될 개발자 워크숍에 필요한 물품을 확인하셨나요?

**P씨** 네, 팀장님. 강사님께 문자메시지를 받았습니다.

**팀장** 그럼 P씨가 구매신청서에 워크숍에 필요한 물품을 모두 체크해서 구매부서로 넘겨 주세요. 어제 신청 마감시간까지 모두 32명 정도 접수했으니 인원수에 맞게 부탁드립니다.

---

안녕하세요. 이번 워크숍을 진행하게 된 강사입니다. 워크숍에 필요한 물품은 다음과 같습니다.
Arduino-UNO 보드, 220kΩ저항, 삼색LED, 아날로그 온도센서, 터치센서, 점퍼선입니다. 저항은 개인당 5개씩, 점퍼선은 개인당 8개씩이며, 파랑색으로 준비해 주세요. 아날로그 온도센서는 2인당 1개 지급이 되고, 나머지는 모두 개인당 1개씩 지급되어야 합니다. 다음 주에 뵙겠습니다. 감사합니다.

## 구매신청서

| 대분류 | 중분류 | 소분류 | | | 수량 | |
|---|---|---|---|---|---|---|
| 보드 | ☐ Raspberry Pi | ☐ Pi zero | ☐ Pi 2 | ☐ Pi 3 | ☐ 10개 | ☐ 30개 |
| | | | | | ☐ 50개 | ☐ 100개 |
| | ☐ Arduino | ☐ Leonardo | ☐ Nano | ☐ UNO | ☐ 10개 | ☐ 30개 |
| | | ☐ Micro | ☐ Pro | ☐ Mega | ☐ 50개 | ☐ 100개 |
| 센서 | ☐ Analog | ☐ 근접 | ☐ 가속도 | ☐ 적외선 | ☐ 10개 | ☐ 30개 |
| | | ☐ 온도 | ☐ 습도 | ☐ 온습도 | ☐ 50개 | ☐ 100개 |
| | ☐ Digital | ☐ 조도 | ☐ 틸트 | ☐ 터치 | ☐ 10개 | ☐ 30개 |
| | | ☐ 온도 | ☐ 습도 | ☐ 자기 | ☐ 50개 | ☐ 100개 |
| 부품 | ☐ 저항 | ☐ 10Ω | ☐ 220Ω | ☐ 330Ω | ☐ 100개 | ☐ 150개 |
| | | ☐ 10kΩ | ☐ 220kΩ | ☐ 330kΩ | ☐ 200개 | ☐ 300개 |
| | ☐ LED | ☐ 적색 | ☐ 파랑색 | ☐ 녹색 | ☐ 100개 | ☐ 150개 |
| | | ☐ 백색 | ☐ 노랑색 | ☐ 삼색 | ☐ 200개 | ☐ 300개 |
| | ☐ 점퍼선 | ☐ 적색 | ☐ 파랑색 | ☐ 녹색 | ☐ 100개 | ☐ 150개 |
| | | ☐ 백색 | ☐ 노랑색 | ☐ 삼색 | ☐ 200개 | ☐ 300개 |

**02** □□기획회사 재고관리팀 직원 E씨가 문서를 작성하는 과정에서 오류가 발생하였다. 문제의 원인과 해결 방안을 바르게 파악한 것은?

### 문서 작성 시 주의사항

1. 문서의 내용을 구분하여 여러 항목으로 작성할 때는 다음과 같이 나누어서 사용합니다.

| 구분 | 항목 부호 |
|------|-----------|
| 1 | 1, 2, 3, 4 … |
| 2 | 가, 나, 다, 라 … |
| 3 | 1), 2), 3), 4) … |
| 4 | 가), 나), 다), 라) … |
| 5 | (1), (2), (3), (4) … |

2. 숫자는 아라비아 숫자로 기재합니다. 예 1, 2, 3 …
3. 날짜는 숫자로 표기하며 연월일의 글자는 생략하고 온점으로 표시합니다. 예 2017. 10. 3.
4. 시간은 24시각제의 숫자로 표기하고 시분의 글자는 생략합니다.
5. 시간을 표시하는 쌍점의 양쪽 띄어쓰기를 하지 않습니다.

### □□ 기획회사

제   목   가을맞이 신상품 판매 관련 재고 점검

─────────────────────────────────────

1. 가을맞이 신상품 판매를 위해 기존 재고를 점검하고자 합니다.
　　가. 일  시: 2019. 10. 3.(목) P.M. 12:00~P.M. 1:00
　　나. 장  소: 지하 2층 재고관리실
　　다. 안  건: 신상품 판매 전 재고 점검

① 부호 표기 오류 – '가. 일 시'를 '1) 일 시'로 수정해야 한다.

② 날짜 표기 오류 – '2019.10.3.'을 '2019년 10월 3일'로 수정해야 한다.

③ 숫자 표기 오류 – '1. 가을맞이~'를 'Ⅰ. 가을맞이~'로 수정해야 한다.

④ 시간 표기 오류 – 'P.M. 12:00~P.M. 1:00'을 '12:00~13:00'으로 수정해야 한다.

**03** ★★자동차에 근무하는 M씨는 자동차 딜러들의 2018년 판매실적이 저장되어 있는 엑셀 파일을 가지고 우수사원을 선발하라는 부장의 요구를 받았다. 다음 상황에서 M 씨가 작성해야 할 함수식으로 옳은 것은?

> 부장   M씨, 보내 드린 2018년 판매실적 엑셀 파일에서 H5셀의 우수사원 판정 내용
> 을 작성해 주세요. 우수사원은 판매 대수가 30대를 초과한 분기가 3회 이상이
> 면 해당되며 "우수"라고 표시해 주세요. 함께 보내 드린 참고자료를 보시고 제
> 가 나중에 수정할 수 있도록 반드시 IF 함수와 COUNTIF 함수를 사용해서 작
> 성해 주세요.

### ★★자동차 2018년 판매실적

단위 : 대

|  | 1분기 | 2분기 | 3분기 | 4분기 |  | 우수사원 판정 |
|---|---|---|---|---|---|---|
| 송OO | 37 | 13 | 50 | 46 |  |  |
| 김OO | 8 | 23 | 15 | 20 |  |  |

- IF(logical_test, value_if_true, [value_if_false])

| 인수 이름 | 설명 |
|---|---|
| logical_test (필수) | 검사할 조건입니다. |
| value_if_true (필수) | logical_test의 결과가 TRUE일 경우 반환할 값입니다. |
| value_if_false (선택) | logical_test의 결과가 FALSE일 경우 반환할 값입니다. |

[사용 예] =IF(A2>B2,"예산 초과","승인") – A2셀의 값이 B2셀보다 크면 "예산 초과"를 반환
하고, 그렇지 않으면 "승인"을 반환합니다.

- COUNTIF(range, criteria) – 찾으려는 위치(range)에서 조건(criteria)을 만족하는 셀의 개수
를 반환합니다.

[사용 예] =COUNTIF(A2:A5,"런던") – A2:A5셀에서 "런던"의 개수를 반환합니다.

① =COUNTIF(IF(C5:F5,")=30"))=3,"우수","")

② =COUNTIF(IF(C5:F5,")30"))=3,"우수","")

③ =IF(COUNTIF(C5:F5,")=30"))=3,"우수","")

④ =IF(COUNTIF(C5:F5,")30"))=3,"우수","")

**04**  ◇◇웹툰컴퍼니에서 다음 작품들을 개정판으로 출간하고자 한다. 다음 중 출판부서 직원 K씨가 ISBN(국제표준도서번호)을 새로 신청해야 할 도서는?

## ISBN 주의사항

기 출간된 책의 개정판이 출간되는 경우 ISBN을 새로 발급받아야 한다.

※ 개정판은 서명, 내용, 페이지 수, 발행자나 저자가 변한 경우를 기준으로 한다.

※ 단, 활자 크기 변경, 광고지 삽입으로 인한 페이지 수 증가는 기존의 ISBN을 사용
  한다.

※ 다이어리, 달력, 팸플릿 등 기록장의 성격을 가진 자료와 낱장 자료, 독자가 낱장
  을 절취하여 이용하도록 구성된 자료는 ISBN 부여 대상 자료에서 제외한다.

| 도서명 | 변경사항 | 변경결과 |
|---|---|---|
| 『남신강림』 | 활자 크기 변경, 사은품 다이어리 추가 | 페이지 수 동일 |
| 『연애혁신』 | 속지의 활자 크기 변경 | 페이지 수 감소 |
| 『GOD의 탑』 | 책의 앞부분에 개정판 광고 삽입 | 페이지 수 증가 |
| 『구름브레이커』 | 저자 1인에서 2인으로 변경 | 페이지 수 동일 |
| 『갓오브미들스쿨』 | 달력과 팸플릿 사은품 제공, 광고 삽입 | 페이지 수 증가 |

① 『구름브레이커』

② 『남신강림』, 『연애혁신』

③ 『GOD의 탑』, 『갓오브미들스쿨』

④ 『구름브레이커』, 『갓오브미들스쿨』

**05** 워라밸 열풍이 불면서 다음 주부터 ○○디자인회사도 유연근무제가 도입된다. 주어진 자료를 참고할 때, 워킹맘 직원 W씨의 출퇴근 시간으로 가장 적절한 것은?

*워라밸 : 일과 생활의 균형(Work And Life Balance)

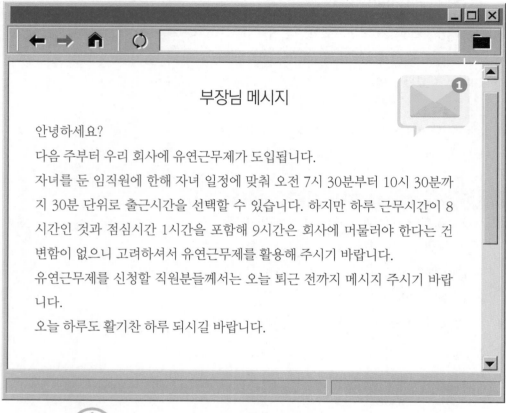

### 부장님 메시지

안녕하세요?

다음 주부터 우리 회사에 유연근무제가 도입됩니다.

자녀를 둔 임직원에 한해 자녀 일정에 맞춰 오전 7시 30분부터 10시 30분까지 30분 단위로 출근시간을 선택할 수 있습니다. 하지만 하루 근무시간이 8시간인 것과 점심시간 1시간을 포함해 9시간은 회사에 머물러야 한다는 건 변함이 없으니 고려하셔서 유연근무제를 활용해 주시기 바랍니다.

유연근무제를 신청할 직원분들께서는 오늘 퇴근 전까지 메시지 주시기 바랍니다.

오늘 하루도 활기찬 하루 되시길 바랍니다.

- 5살 아들 유치원 등원 시간 08시 30분
- 5살 아들 유치원 하원 시간 18시 30분
- 8살 딸 초등학교 등교 시간 08시 45분
- 유치원과 초등학교의 거리 도보 15분
- 유치원에서 회사와의 거리 도보 20분
- 초등학교에서 회사와의 거리 도보 10분

① 출근 09시 00분 – 퇴근 18시 00분

② 출근 09시 20분 – 퇴근 18시 20분

③ 출근 09시 30분 – 퇴근 18시 30분

④ 출근 10시 00분 – 퇴근 19시 00분

**06** □□병원 비품관리팀 직원 L씨가 부서별로 제출한 9월 사무용품 신청서를 받았다. 공지할 내용으로 가장 적절한 것은?

### [9월 사무용품 신청 기준]

1인당 신청금액은 3,000원입니다. 지난달에 신청한 금액이 3,000원 미달이었다면 미달된 금액만큼 이번 달에 합해 사용하실 수 있습니다. 초과하지 않도록 주의해 주시고 해당 부서별로 신청하여 구매부로 제출해 주시기 바랍니다.

### 9월 사무용품 신청서

부서명 : 고객지원팀
인　원 : 3명
품　목 :
　1) 물티슈 2개 2,600원
　2) 탈취제 리필 1개 6,700원
소　계 : 9,300원

부서명 : 외래팀
인　원 : 10명
품　목 :
　1) 물티슈 8개 11,200원
　2) 테이프 리필 2개 3,000원
　3) 네임펜 3색 세트 1개 5,000원
　4) 티슈 1개 10,000원
　5) 클립 5개 2,000원
소　계 : 31,400원

### 8월 사무용품 신청서

부서명 : 고객지원팀
인　원 : 3명
품　목 :
　1) 매직 흑색 4개 4,800원
　2) 네임펜 2개 3,900원
소　계 : 8,700원

부서명 : 외래팀
인　원 : 10명
품　목 :
　1) 손세정제 3개 10,500원
　2) 메모지 3개 5,200원
　3) 스테이플러 심 1개 3,300원
　4) 보드마카 5개 7,800원
　5) 클립 5개 2,000원
소　계 : 28,800원

① 고객지원팀 9월달 사무용품 소계가 일치하지 않네요.

② 고객지원팀은 오류가 없어서 이대로 주문 신청 하겠습니다.

③ 외래팀은 인원이 많은데도 오류가 없네요. 이대로 주문 신청 하겠습니다.

④ 외래팀 9월달 사무용품 신청 가능 금액을 초과해서 수정 제출 부탁드려요.

**07** △△방송국에서 근무하는 H씨가 팀장의 지시를 받고 보도 자료의 오류를 파악한 것으로 적절한 것은?

> 팀장　H씨. 날씨가 갑자기 더워진 관계로 오늘 방송에 식중독 지수를 내보내려고 해요. 보내 드린 보도 예정 자료는 기상청에서 예보한 내일 6월 21일 14시 기준 전국 식중독 지수입니다. 참고자료와 비교해서 규칙에 맞지 않게 작성된 부분이 있는지 확인해 보고 보도 부서로 넘겨 주세요.

## 보도 예정 자료

**서울/경기지역 등급 : 위험**
2019년 6월 21일 14시 기준
식중독 지수 : 88

**강원지역 등급 : 주의**
2019년 6월 21일 14시 기준
식중독 지수 : 68

**충청지역 등급 : 위험**
2019년 6월 21일 14시 기준
식중독 지수 : 83

**영남지역 등급 : 경고**
2019년 6월 21일 14시 기준
식중독 지수 : 75

## 참고자료

식중독 지수 단계별 기준 및 심볼

| 심볼 | 등급기준 및 행동요령 |
|---|---|
| | **위험단계 (86 이상)**<br>– 식중독 발생 가능성이 매우 높으므로 식중독 예방에 각별한 경계가 요망됨 |
| | **경고단계 (71 이상 86 미만)**<br>– 식중독 발생가능성이 높으므로 식중독 예방에 경계가 요망됨 |
| | **주의단계 (55 이상 71 미만)**<br>– 식중독 발생가능성이 중간 단계이므로 식중독 예방에 주의가 요망됨 |
| | **관심단계 (55 미만)**<br>– 식중독 발생 가능성은 낮으나 식중독 예방에 지속적인 관심이 요망됨 |

전국 식중독 지수

68
88
83
75
53

① 서울/경기지역 식중독 지수 수치가 잘못되었네.

② 강원지역 기준 날짜가 잘못되었네.

③ 충청지역 등급과 심볼이 잘못되었네.

④ 영남지역 등급이 잘못되었네.

**08** ◇◇마트에서 상품 진열을 담당하고 있는 M씨가 다음 바코드를 보고 확인할 수 있는 정보로 옳은 것은?

8933570683347

<바코드 구성원리>

111222233333 6

- 1~3번 자리: 국가코드
- 4~7번 자리: 제조업체코드
- 8~12번 자리: 상품분류코드
- 13번 자리: 체크썸코드(검증코드)

<국가코드>

| 코드 | 국가 | 코드 | 국가 | 코드 | 국가 |
|---|---|---|---|---|---|
| 880 | 대한민국 | 500~509 | 영국 | 893 | 베트남 |
| 000~139 | 미국, 캐나다 | 690~695 | 중국 | 930~939 | 호주 |
| 400~440 | 독일 | 885 | 태국 | 940~949 | 뉴질랜드 |
| 471 | 대만 | 888 | 싱가포르 | 955 | 말레이시아 |

<제조업체코드>

| 업체명 | 코드 | 업체명 | 코드 | 업체명 | 코드 |
|---|---|---|---|---|---|
| A식품 | 1372 | D건강 | 2080 | G미용 | 3662 |
| B제과 | 3570 | E생활 | 1248 | H무역 | 2016 |
| C음료 | 6297 | F전자 | 4279 | I건강 | 7115 |

<상품분류코드>

| 상품분류 | 코드 | 상품분류 | 코드 | 상품분류 | 코드 |
|---|---|---|---|---|---|
| 음료류 | 51328 | 냉동식품류 | 77031 | 스킨케어류 | 99046 |
| 과자류 | 68334 | 종이류 | 20649 | 보디케어류 | 52176 |
| 라면류 | 15739 | 필기구류 | 34077 | 메이크업류 | 44672 |

| | <국가> | <제조업체> | <상품분류> |
|---|---|---|---|
| ① | 대한민국 | D건강 | 라면류 |
| ② | 독일 | E생활 | 메이크업류 |
| ③ | 베트남 | B제과 | 과자류 |
| ④ | 싱가포르 | H무역 | 스킨케어류 |

**09** ○○마케팅리서치회사 주차관리팀 부장 S씨는 늘어난 고객들로 인해 주차공간이 부족해져 외부 주차장 관리업체와 계약하고자 한다. 주어진 자료의 조건들을 고려할 때 S씨가 계약할 주차장으로 적절한 것은?

### 외부 주차장 리스트

| 주차장명 | 이용가능 | | 할인 기준 | 여유주차면 |
|---|---|---|---|---|
| | 요일 | 시간 | | |
| 금빛 주차장 | 월~금 | 09:00~18:00 | 두 달 이상 거래 | 40 |
| 달빛 주차장 | 월~토 | 09:00~19:00 | 두 달 이상 거래 | 50 |
| 별빛 주차장 | 토, 일 | 09:00~19:00 | 세 달 이상 거래 | 50 |
| 햇빛 주차장 | 월~금 | 09:00~18:00 | 세 달 이상 거래 | 80 |

### 〈 기존 주차의 문제점 〉

1. 회사 내에 위치한 카페 이벤트로 인해 이용 고객이 급증, 두 달 정도 지속될 것으로 예상된다.
2. 특히 평일에 이용 고객이 급증하여 하루 평균 50대 정도의 주차 공간이 부족하다.
3. 주말은 카페를 운영하지 않아 주차 문제가 일부 해결될 것으로 예상된다.
4. 카페의 영업시간은 09시부터 18시까지로 이용 고객은 균등하게 많은 편이다.

① 금빛 주차장

② 달빛 주차장

③ 별빛 주차장

④ 햇빛 주차장

**10** □□광고회사 디자인팀에 근무하는 광고디자이너 Q씨가 거래처에서 수신한 메일 내용을 고려하여 완성한 광고로 가장 적절한 것은?

---

✉ **New message**    − ↗ ✕

**To**  □□광고회사 디자인팀 광고디자이너 Q씨

**From**  ♤♤애견동물병원

---

안녕하세요? ♤♤애견동물병원입니다.
참신하고 활력 넘치는 아이디어를 만들어내는 □□광고회사에 저희 회사를 표현해줄 광고를 부탁드리려고 합니다.
이제 막 시작한 회사이다 보니 '새로움'을 강조하는 단어가 포함되었으면 합니다. 특히 반려동물과 함께 출퇴근이 가능한 따뜻한 회사라는 점도 포스터에 꼭 넣어주세요. 강아지뿐만 아니라 고양이도 함께 진료를 볼 수 있고 24시간 운영하는 병원이니 디자이너님께서 중요한 부분들이 잘 드러나도록 광고를 만들어 주셨으면 합니다.

---

SEND  A ☺ ↓ 🖉 🖼 ∞ ☆ 🗑                                    ⋮

---

① ♤♤애견동물병원
NEW
반려동물과 함께 오세요.
저희도 반려와
함께 출근합니다.
24시간 운영

② ♤♤애견동물병원
NEW
반려동물과
함께 오세요.
강아지 진료 가능
24시간 운영

③ ♤♤애견동물병원
NEW
반려동물과 함께 오세요.
저희도 반려와
함께 출근합니다.
강아지, 고양이 진료 가능

④ ♤♤애견동물병원
NEW
반려동물과 함께 오세요.
저희도 반려와
함께 출근합니다.
강아지, 고양이 모두 진료 가능
24시간 운영

**11** △△교육에 근무하는 P씨는 팀장으로부터 다음과 같은 업무 지시를 받았다. P씨가 홈페이지에 표시해야 할 기호로 옳은 것은?

> **팀장** P씨. 우리 회사의 온라인 교육콘텐츠 중에서 사회 환원 차원으로 일부 과정을 무료로 변경하고 다른 사람이 자유로이 이용할 수 있도록 허락하려고 합니다. 여기에 알맞은 CC라이선스를 홈페이지에 표시해 주세요. 다만 다른 사람이 이용할 때 비영리 목적으로만 사용 가능하며 저작자를 반드시 표시하도록 해 주세요. 참, 다른 회사와의 경쟁도 있으니 콘텐츠를 이용해서 다른 콘텐츠를 만들지 못하도록 해주세요. 자세한 내용은 자료를 참고해 주세요.

〈참고자료〉
**CCL** (Creative Commons License) : CCL은 자신의 창작물에 대하여 일정한 조건 하에 다른 사람의 자유로운 이용을 허락하는 내용의 "자유이용 라이선스"입니다.

※ 이용 허락 조건

| | |
|---|---|
| 👤 | Attribution (저작자 표시)<br>저작자의 이름, 출처 등 저작자를 반드시 표시해야 한다는, 라이선스에 반드시 포함하는 필수조항입니다. |
| 🚫$ | Noncommercial (비영리)<br>저작물을 영리 목적으로 이용할 수 없습니다. 영리 목적의 이용을 위해서는, 별도의 계약이 필요하다는 의미입니다. |
| = | No Derivative Works (변경금지)<br>저작물을 변경하거나 저작물을 이용한 2차적 저작물 제작을 금지한다는 의미입니다. |
| ↻ | Share Alike (동일조건 변경허락)<br>2차적 저작물 제작을 허용하되, 2차적 저작물에 원저작물과 동일한 라이선스를 적용해야 한다는 의미입니다. |

①

②

③

④

**12** ◇◇디자인에 근무하는 C씨가 고객으로부터 다음과 같은 요구를 받았을 때 제작해야 할 물품의 디자인으로 옳은 것은?

> **고객** 저희 회사 홍보물품 포장을 위한 박스를 제작하고자 합니다. 박스는 접었을 때 앞면의 회사 마크를 기준으로 윗면에는 감사의 인사를, 좌측면에는 회사 연락처를, 우측면에는 신약 사진을, 뒷면에는 회사 전경 사진을 넣고 싶습니다. 바닥면은 아무 내용도 출력하지 않았으면 해요. 완성된 박스를 회사 마크가 앞면을 향하도록 놓았을 때 앞면의 위쪽과 윗면의 아래쪽이 맞닿아야 하고 좌측과 우측면은 앞면과 인쇄 방향이 같아야 합니다.
>
> **C씨** 요구하신 인쇄 시안을 이메일로 보내 드릴 예정이오니 검토하시고 회신하여 주시기 바랍니다. 인쇄 시안은 박스를 접지 않은 상태로 보내 드립니다. 요구하신 방향을 잘 살펴보시고 수정 사항이 있으면 연락해 주세요.

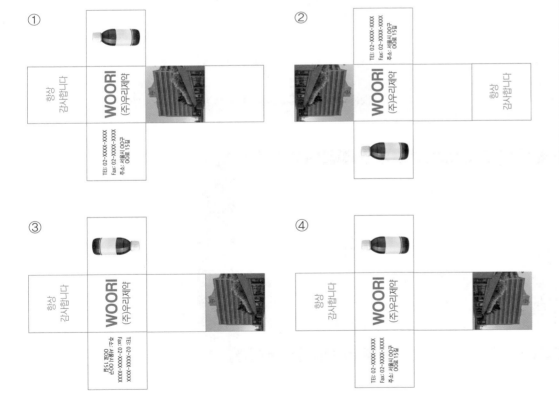

**3 문제해결 영역**

Memo

[ 13~14번 문항 ] 서로 연관된 세트문항입니다.
☆☆캐피탈 교육관리팀 대리 B씨는 연수 일정을 관리하고 조정하는 업무를 한다.
다음 일정표와 자료를 보고 물음에 답하시오.

〈8월 연수 일정표〉

| 일 | 월 | 화 | 수 | 목 | 금 | 토 |
|---|---|---|---|---|---|---|
| | | | | 1<br>5/5 | 2<br>5/5 | 3<br>10/0 |
| 4<br>0/0 | 5<br>0/0 | 6<br>0/0 | 7<br>0/0 | 8<br>0/0 | 9<br>0/0 | 10<br>10/9 |
| 11<br>10/13 | 12<br>7/5 | 13<br>6/3 | 14<br>8/6 | 15<br>8/7 | 16<br>9/2 | 17<br>0/0 |
| 18<br>0/0 | 19<br>0/0 | 20<br>0/0 | 21<br>0/0 | 22<br>0/0 | 23<br>0/0 | 24<br>2/2 |
| 25<br>6/4 | 26<br>10/10 | 27<br>10/10 | 28<br>10/7 | 29<br>5/3 | 30<br>5/5 | 31<br>5/1 |

☑ 연수 신청은 첫째 주와 셋째 주는 평일만, 둘째 주와 넷째 주는 주말만,
   마지막 주는 모든 요일이 신청 가능하다.

☑ 일정표에 표기되어 있는 숫자는 수강 가능한 인원의 숫자(왼쪽)와 신청한
   인원의 숫자(오른쪽)이다. 〈예〉 4/5(4명 신청 가능, 5명 신청함)

☑ 수강 가능한 인원의 숫자와 신청한 인원의 숫자가 일치할 경우 그 연수는
   마감 처리된다.

☑ 수강 가능한 인원보다 신청 인원이 많을 경우 조정 신청이 가능하다.

**13** 연수 일정표의 오류를 수정할 날짜와 교육신청자에게 조정을 요청할 날짜가 바르게 짝지어진 것은?

| | (오류 수정일) | (조정 요청일) |
|---|---|---|
| ① | 8월 3일 | 8월 10일 |
| ② | 8월 3일 | 8월 11일 |
| ③ | 8월 11일 | 8월 3일 |
| ④ | 8월 31일 | 8월 10일 |

**14** 연수 조정을 신청한 날짜 중 조정 내용을 반영한 후에 마감 처리할 날짜로 가장 적절한 것은?

### 8월 연수 조정 신청

- ✔ 8월 10일 추가 신청자 2명
- ✔ 8월 15일 추가 신청자 1명
- ✔ 8월 16일 추가 신청자 8명
- ✔ 8월 28일 수강 가능 인원 6명으로 변경

① 8월 10일

② 8월 15일

③ 8월 16일

④ 8월 28일

[ 15~16번 문항 ] 서로 연관된 세트문항입니다.
○○전자에 근무하는 K씨는 6월 18일 에어컨 설치를 위한 고객들의 주문 전화를 받고
내용을 정리하고자 한다. 다음 상황과 자료를 보고 이어지는 물음에 답하시오.

---

A씨   6월 18일에는 12시 30분부터 약속이 있으니 오전에 설치를 부탁합니다.

B씨   6월 18일에 점심시간에 미팅이 있어요. 11시부터 오후 2시까지 바빠요.

C씨   6월 18일에 일찍 퇴근하고 오후 3시부터 가능합니다.

D씨   6월 18일에는 11시부터 오후 2시까지 집에 있을 예정입니다.

E씨   6월 18일에 회사 점심시간이 12시부터 시작하고 네 시간 외출이 가능합니다.
      회사에서 집까지 이동하는 거리는 대략 50분 정도 걸려요. 참고해 주세요.

## 〈접수대장〉 양식

| 시간<br>고객 | 10시~<br>11시 | 11시~<br>12시 | 점심시간 | 13시~<br>14시 | 14시~<br>15시 | 15시~<br>16시 |
|---|---|---|---|---|---|---|
| A | | | | | | |
| B | | | | | | |
| C | | | | | | |
| D | | | | | | |
| E | | | | | | |

**15** K씨가 고객들의 요구사항을 〈접수대장〉에 정리하라는 작업 지시를 받았을 때 바르게 정리한 것은?

①

| 시간\고객 | 10시~11시 | 11시~12시 | 점심시간 | 13시~14시 | 14시~15시 | 15시~16시 |
|---|---|---|---|---|---|---|
| A | | | | ● | ● | ● |
| B | | ● | | | | |
| C | ● | | | ● | ● | |
| D | ● | | | | ● | ● |
| E | | ● | | | | ● |

②

| 시간\고객 | 10시~11시 | 11시~12시 | 점심시간 | 13시~14시 | 14시~15시 | 15시~16시 |
|---|---|---|---|---|---|---|
| A | ● | ● | | | | |
| B | ● | | | | ● | ● |
| C | | | | | | |
| D | | ● | | ● | | |
| E | | ● | | | ● | |

③

| 시간\고객 | 10시~11시 | 11시~12시 | 점심시간 | 13시~14시 | 14시~15시 | 15시~16시 |
|---|---|---|---|---|---|---|
| A | ● | ● | | | | |
| B | ● | | | | ● | ● |
| C | | | | | | ● |
| D | | ● | | | | |
| E | | | | ● | ● | |

④

| 시간\고객 | 10시~11시 | 11시~12시 | 점심시간 | 13시~14시 | 14시~15시 | 15시~16시 |
|---|---|---|---|---|---|---|
| A | ● | | | | ● | ● |
| B | ● | | | | ● | |
| C | | | | | | ● |
| D | | | | | ● | ● |
| E | ● | ● | | | ● | |

**16** 에어컨 설치를 완료하는 데 소요되는 시간은 30분이다. K씨가 5명 고객의 요구를 모두 완료하기 위한 작업 순서를 설치기사에게 전달하려고 할 때 바르게 전달한 것은? (단, 지도에서 한 지점을 이동하는 데 소요되는 시간은 30분이고, 에어컨 설치기사는 모든 작업을 15:50까지 완료해야 한다.)

[예] A에서 B까지 이동시간 : 30분    A에서 E까지 이동시간 : 1시간

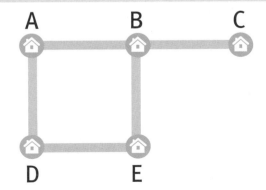

① A → D → E → B → C
② B → A → D → E → C
③ C → B → A → D → E
④ E → A → D → B → C

## 3 문제해결 영역

Memo

[ 17~18번 문항 ] 서로 연관된 세트문항입니다.
□□푸드는 최근 바다를 뜻하는 SEA와 독소 해독을 뜻하는 DETOX를 결합한 SEATOX 푸드를 판매하기로 하였다. 영업사원 D씨와 고객의 대화를 보고 이어지는 물음에 답하시오.

| | |
|---|---|
| 고객 | 요즘 유행하는 SEATOX 푸드 상품을 판매한다고 하셔서 전화 드렸습니다. |
| D씨 | 네, 고객님. 찾으시는 상품 있으신가요? |
| 고객 | 요즘 미세먼지가 심해서 목이 텁텁하고 기침이 심해진 것 같아요. 계속 기침이 나서 한동안 운동도 못 가게 되었어요. 살도 4kg이나 쪘더라고요. |
| D씨 | 네, 고객님. 요즘 미세먼지뿐만 아니라 초미세먼지도 심해서 힘드시죠? 마침 딱 맞는 SEATOX 해산물이 있습니다! 알레르기는 따로 없으신가요? |
| 고객 | 알레르기는 없지만 조개류나 굴을 잘 먹진 못해요. 가격이 저렴하면서 맛있는 신선도 높은 등급의 해산물로 부탁드립니다. |

## SEATOX 푸드 목록

| 해산물 | 신선도 등급 | 효과 | 가격(원) |
|---|---|---|---|
| 미역 | 1 | – 호흡기 질환에 도움<br>– 산후 영양식으로 추천<br>– 칼슘이 풍부해 뼈를 강화 | 6,000 |
| 바지락 | 2 | – 빈혈 예방<br>– 면역력 촉진<br>– 칼로리와 지방 함량 낮음 | 4,000 |
| 문어 | 1 | – 피로 회복<br>– 혈관 질환 예방<br>– 콜레스테롤 저하 | 15,000 |
| 북어(건조 명태) | 2 | – 간 기능 강화<br>– 숙취 해소 도움<br>– 단백질 풍부, 지방질 적음 | 5,000 |

**17** D씨가 고객과의 대화를 참고하여 SEATOX 푸드를 홍보할 말로 가장 적절한 것은?

① 면역력이 떨어지신 고객님께 바지락이 딱 적합한 상품이에요.

② 피로 회복을 위해 비싸더라도 문어를 드셔 보는 건 어떠세요?

③ 단백질이 풍부하고 지방질이 적은 북어로 다이어트를 해보세요.

④ 미역이 호흡기 질환에 좋아 목의 텁텁함을 금방 낫게 해줄 겁니다.

**18** D씨가 고객에게 추천할 SEATOX 푸드로 가장 적절한 것은?

①

②

③

④

# 3 문제해결 영역

Memo

[ 19~20번 문항 ] 서로 연관된 세트문항입니다.
△△의료기기에 근무하는 P씨는 고객 응대 업무를 담당하고 있다. 다음 제품에 대한 정보를 잘 보고 이어지는 물음에 답하시오.

## [ △△의료기기 제품별 정보 ]

| 제품명 | 출시년월 | 판매 금액 | 품질보증기간 | 부품 보유기간 |
|---|---|---|---|---|
| 발 마사지기 | 2010년 5월 | ₩ 550,000 | 구입일로부터 2년 | 출시일로부터 7년 |
| 손 마사지기 | 2016년 11월 | ₩ 340,000 | 구입일로부터 1년 | 출시일로부터 5년 |
| 눈 마사지기 | 2015년 7월 | ₩ 250,000 | 구입일로부터 1년 | 출시일로부터 5년 |
| LED 마스크 | 2018년 9월 | ₩ 200,000 | 구입일로부터 1년 | 출시일로부터 3년 |
| 안마의자 | 2011년 8월 | ₩ 2,700,000 | 구입일로부터 2년 | 출시일로부터 8년 |
| 저주파 마사지기 | 2017년 12월 | ₩ 120,000 | 구입일로부터 1년 | 출시일로부터 3년 |

### [수리, 교환, 환불 기준]

1. 제품 구입 후 1개월 이내에 단순 변심, 고객의 귀책사유가 없이 제품의 하자로 인해 발생한 피해 : 동일제품 교환 또는 판매금액 환불
2. 품질보증기간 이내에 고객의 귀책사유 없이 제품의 하자로 인해 발생한 피해
   - 최초 : 무상 수리
   - 수리 후 동일한 피해 재발 : 동일제품 교환
   - 수리 불가능 제품 : 동일제품 교환
3. 품질보증 기간 이내에 고객의 귀책사유로 인한 피해 발생
   - 부품 비용 + 출장 수리비 ₩ 20,000 발생
4. 품질보증 기간 경과 후 발생한 피해
   - 부품 보유 시 : 부품 비용 + 출장 수리비 ₩ 30,000 발생
   - 부품 미 보유 시 : 보상 판매 또는 폐기 매입 중 택1 (기준 참고)

### [보상 판매 및 폐기 매입 기준]

1. 보상 판매는 고객이 소유한 품질보증기간이 지난 제품을 당사에 반납하는 조건으로 현재 판매되는 제품을 구입할 때 30%를 할인해 주는 방식이다.
2. 폐기 매입은 환경오염을 방지하기 위한 당사의 방침으로 고객이 소유한 품질보증기간이 지난 제품을 구입가의 15%로 매입하는 방식이다.

**19** P씨가 2019년 6월 18일에 고객에게 걸려온 문의에 답변하고자 한다. 제시된 통화 내용에 대한 P씨의 답변으로 올바른 것은?

---

P씨  △△의료기기 고객 상담원 P입니다. 고객님 무엇을 도와드릴까요?

고객  안녕하세요. 다름이 아니라 △△의료기기에서 두 달 전에 LED 마스크를 구매해서 잘 사용하고 있었는데 갑자기 며칠 전부터 충전이 되지 않더라고요.

P씨  네, 고객님. 많이 불편하셨을 텐데 몇 가지만 여쭙겠습니다. 혹시 사용하시다가 떨어뜨리거나 충격을 가한 사실이 있나요?

고객  아니요. 별다른 충격도 전혀 없었고 동봉된 부속품만 사용했습니다.

P씨  _____

---

① 고객님은 동일제품으로 교환을 받으실 수 있습니다.

② 고객님은 구입금액 그대로 환불 받으실 수 있습니다.

③ 고객님은 제품에 대한 무상 수리를 받으실 수 있습니다.

④ 고객님은 부품 비용 없이 출장 수리비 20,000원에 수리를 받으실 수 있습니다.

**20** P씨가 고객이 추가로 문의한 발마사지기 보상 판매 및 폐기 매입과 관련하여 (가)와 (나)에 들어갈 금액으로 올바른 것은?

---

⋮

고객  문의가 한 가지 더 있는데요. 5년 전에 구입한 발 마사지기가 작동이 되지 않아요. 혹시 수리를 받을 수 있나요?

P씨  고객님, 안타깝게도 문의하신 제품은 더 이상 생산되지 않아 재고 부품이 없습니다. 원하신다면 보상 판매 또는 당사에서 폐기 매입도 가능합니다. 마침 제품별 정보에는 없지만 신제품 발 마사지기가 65만 원에 판매되고 있습니다.

고객  그럼, 신제품 발 마사지기를 얼마에 구입할 수 있나요? 그리고 폐기 매입을 신청하면 얼마를 돌려받을 있나요?

P씨  네, 신제품 발 마사지기를 보상 판매로 구입 시 (   가   )원에 구입이 가능하시며, 폐기 매입을 신청하시면 당사에서 (   나   )원에 매입해 드립니다.

---

① (가) 385,000 (나) 82,500          ② (가) 385,000 (나) 97,500

③ (가) 455,000 (나) 82,500          ④ (가) 455,000 (나) 97,500

[21~22번 문항] 서로 연관된 세트문항입니다.
◇◇문구에서 근무하는 K씨가 창고의 재고를 정리하여 대규모 세일 준비를 하고 있다.
다음 상황과 자료를 보고 질문에 답하시오.

---

**상사** 이번 창고 정리 세일은 거래처부터 고객들까지 다들 기대하고 있어요. 준비는
잘 되어가나요?

**K씨** 네, 현재 80% 정도 재고 파악이 완료되었습니다.

**상사** 나머지 20%의 재고 정리도 잘 마무리해 주세요. 오늘이 9월 1일인데 창고세
일은 12월 1일부터 10일간 진행할 예정이에요. SNS와 블로그를 통해 미리 광
고를 했으면 합니다. 행사장은 일단 오전 9시부터 오후 4시까지 확보할 수 있
는 넓은 장소여야 하고 12월이면 날씨가 많이 쌀쌀하니 실내에서 행사를 진행
하게 될 거예요. 매년 행사를 했던 장소들을 정리한 리스트가 있으니까 10일
까지 적절한 장소 확보 부탁드려요. 캐릭터 상품과 그 외의 상품들을 구분할
수 있게 2~3개 층을 사용할 수 있는 70평 이상의 공간이면 좋겠네요.

---

### 〈행사 장소 후보지〉

| 장소 | 실내/외 | 층수 | 넓이 | 특징 | 교통 |
|------|---------|------|------|------|------|
| A | 실내 | 2 | 약 107평 | 회의실 | 버스정류장 19-203에서 걸어서 3분 거리 |
| B | 실내 | 3 | 약 150평 | 사무실 | 지하철 5호선 ○○역 (1, 5호선 환승 가능) 걸어서 400m 거리 |
| C | 실외 | 1 | 약 120평 | 공연장 | 본사에서 걸어서 5분 거리 |
| D | 실내 | 2 | 약 65평 | 체육관 | 지하철 1호선 ○○역 (1, 5호선 환승 가능) 걸어서 7분 거리 |
| E | 실내 | 1 | 약 78평 | 강당 | 버스정류장 78-105 바로 앞 |
| F | 실외 | 2 | 약 136평 | 광장 | 버스정류장 54-709에서 걸어서 200m 거리 |
| G | 실외 | 2 | 약 130평 | 공연장 | 지하철 4호선 ○○역 (2, 4호선 환승 가능) 직결 |

**21** 대화문을 참고하여 K씨가 선택할 수 있는 장소 후보로 옳은 것은?

① A, B
② A, B, D
③ A, B, C, E
④ A, B, D, E

**22** 다음 상황에서 이전 대화와 현재의 대화 내용을 참고하여 K씨가 섭외할 장소로 가장 적절한 것은?

> **K씨**  남은 재고 정리를 마무리한 후에 조건에 맞는 장소 선정도 준비되었습니다.
>
> **상사**  어디 봅시다. 그런데 트리 장식 재고가 많이 남네요? 12월 날씨가 생각보다 괜찮으면 트리 장식을 밖에 설치하고 실외에서 행사를 진행하는 것도 괜찮겠어요. 12월의 기온을 완전히 무시할 수는 없으니 환승이 편리한 지하철역과 가장 가까운 곳으로 섭외 부탁드려요.

① A
② B
③ F
④ G

[ 23~24번 문항 ] 서로 연관된 세트문항입니다.
○○해양에 근무하는 S씨는 강의실 준비 및 안전에 관한 업무를 담당하고 있다. 다음 자료를 잘 보고 이어지는 물음에 답하시오.

**팀장** S씨, 내일 시작되는 재직자 교육장소가 다른 강의 관계로 제1강의실에서 제3강의실로 변경되었어요. 수강생들에게 문자메시지로 안내를 했지만 내부에 변경된 강의 장소를 알려주는 안내판을 설치하면 좋겠어요.

**S씨** 네, 팀장님. 어디에 설치하면 좋을까요?

**팀장** 우선 엘리베이터 앞에 설치를 했으면 해요. 그리고 변경 전, 후에 강의실에도 설치해 주세요. 참! 계단 근처에는 이미 설치되었고, 비상엘리베이터가 작동 안 되는 것을 알고 계시죠? 그리고 추가로 다른 부서에서 요청이 왔어요. 다음 주에 화재대피훈련을 실시하는데 가상 화재지점에서 대피로를 표시해서 달라고 하네요. S씨 자리에 화재대피훈련 시나리오가 있을 거예요. 바쁘겠지만 부탁드립니다.

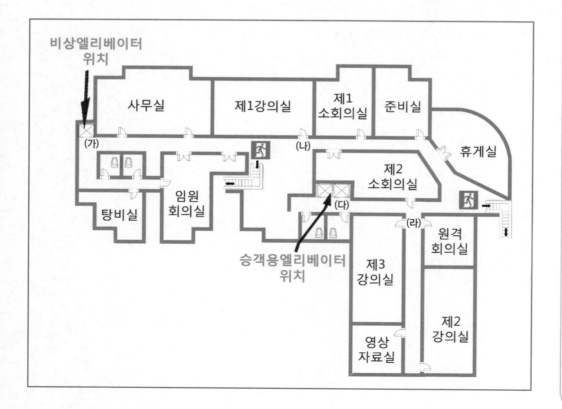

**23** S씨가 내일 시작되는 재직자 교육을 위해 안내판을 설치해야 하는 곳이 <u>아닌</u> 곳은?

① (가)　　　　② (나)　　　　③ (다)　　　　④ (다)

**24** S씨 자리에 다음과 같은 업무 협조 메모가 놓여 있을 때, 화재대피훈련 대피로가 <u>잘못</u>된 곳은?

> S씨, 바쁘신데 고마워요. 다음 주 화재대피훈련은 제2소회의실 쌍여닫이문에서 발생한 것으로 간주하고 진행할 예정입니다. 각 실에서 화재를 피해 대피 동선을 작성해 주세요.

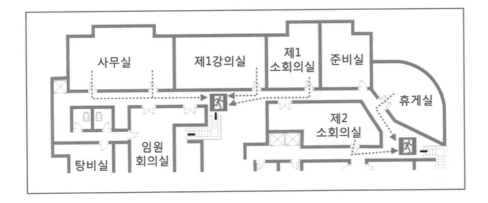

① 사무실　　　　② 제1강의실

③ 제1소회의실　　　　④ 제2소회의실

# 3  문제해결 영역

Memo

[ 25~26번 문항 ] 서로 연관된 세트문항입니다.
△△어린이집에서 근무하는 보육교사 C씨는 2박 3일간 진행되는 직원 워크숍에 참가하기에 앞서 방 배정 업무를 맡게 되었다. 다음 상황과 자료를 보고 물음에 답하시오.

주임  C선생님, 다음 주에 진행되는 직원 워크숍 방 배정 원칙과 묵을 숙소에 대한 자료예요. 그리고 이건 방 배정 관련해서 선생님들에게 받은 설문조사 결과를 정리한 건데 자료들을 활용해서 C선생님이 직원들 방 배정을 해주세요.

## 〈방 배정 원칙〉

1. 남자 선생님과 여자 선생님은 같은 방에 배치하지 않는다.
2. 원장, 원감, 주임 선생님들은 각 방에 한 명씩 배정한다.
3. 추위를 많이 타는 사람과 더위를 많이 타는 사람은 따로 배치한다.
4. 단, 묵어야 할 방의 인원수보다 추위 또는 더위를 타는 사람의 수가 적을 경우 함께 방을 써도 무방하다고 답한 사람과 같은 방에 배정한다.
5. 특정 알레르기가 있는 사람의 경우 이를 피할 수 있는 방에 배정한다.

## 〈직원 명단 및 설문조사 결과〉

| 이름 | 성별 | 소속 | 참고사항 |
|---|---|---|---|
| 김봄(원장) | 남 | 사랑반 | 베개 가져올 수 있음. |
| 이베리 | 여 | 사랑반 | |
| 한오디 | 여 | 사랑반 | 더위를 많이 탐. |
| 원여름(원감) | 여 | 희망반 | 아침식사 준비로 희망반 선생님들은 한 방에 묵을 수 있도록 배정 부탁 |
| 박살구 | 여 | 희망반 | |
| 박석류 | 여 | 희망반 | 먼지 알레르기 있음. |
| 김모과 | 남 | 희망반 | |
| 강앵두 | 여 | 희망반 | 먼지 알레르기 있음. |

| 이름 | 성별 | 소속 | 참고사항 |
|---|---|---|---|
| 홍가을(주임) | 남 | 평화반 | |
| 서자몽 | 남 | 평화반 | 베개 가져올 수 있음. |
| 오자두 | 여 | 평화반 | 더위 타는 사람과 한 방을 써도 괜찮음. |
| 남겨울(주임) | 여 | 하늘반 | |
| 이체리 | 여 | 하늘반 | 먼지 알레르기 있음.1인용 침대 희망함. |
| 장레몬 | 남 | 하늘반 | |
| 정계절(주임) | 여 | 구름반 | 더위를 많이 탐. |
| 임머루 | 남 | 구름반 | 먼지 알레르기 있음. 베개 가져올 수 있음. |
| 이매실 | 남 | 구름반 | 먼지 알레르기 있음. 베개 가져올 수 있음. |

〈숙소 정보〉

| 방 종류 | 침대 종류 및 개수 | 비고 |
|---|---|---|
| 사과 | 2인용 침대 2개 | |
| 딸기 | 2인용 침대 1개, 1인용 침대 1개 | |
| 포도 | 2인용 침대 2개 | 알레르기 환자 유의 |
| 키위 | 2인용 침대 1개, 1인용 침대 1개 | 알레르기 환자 유의 |
| 수박 | 없음 | 최대 수용 인원 3명, 베개 필요함. |

**25** C씨가 남녀 숙소를 분류한 것으로 옳은 것은?

| 유형 | 남자 선생님 숙소 | 여자 선생님 숙소 |
|---|---|---|
| (가) | 딸기, 수박 | 사과, 포도, 키위 |
| (나) | 포도, 수박 | 사과, 딸기, 키위 |
| (다) | 사과, 키위, 수박 | 딸기, 포도 |
| (라) | 딸기, 포도, 수박 | 사과, 키위 |

① (가)　　　　② (나)　　　　③ (다)　　　　④ (라)

**26** C씨가 딸기방에 배정할 선생님들로 바르게 짝지은 것은?

① 김봄(원장, 사랑반), 임머루(구름반), 이매실(구름반)

② 남겨울(주임, 하늘반), 이체리(하늘반), 이베리(사랑반)

③ 남겨울(주임, 하늘반), 한오디(사랑반), 오자두(평화반)

④ 정계절(주임, 구름반), 한오디(사랑반), 오자두(평화반)

[ 27~28번 문항 ] 서로 연관된 세트문항입니다.
◇◇정보통신에서 근무하는 C사원은 부원들의 스케줄을 파악해서 부장이 요구한 정보를 제공하려고 한다. 다음 상황과 자료를 잘 보고 이어지는 물음에 답하시오.

K부장  이번 주 목요일 또는 금요일에 1시간 정도 마케팅에 관한 회의를 진행하려고 합니다. C씨가 부원들의 스케줄을 파악해서 회의 날짜와 시간을 정하고 부원들에게 알려 주세요. 근무시간 이외의 시간이나 점심시간에는 회의가 불가능하니 참고해 주시고 출장 나가는 부원은 출장을 전후로 1시간씩 준비와 정리시간이 필요하니 고려해 주세요. 저는 목요일 오후 4시에 1시간 동안 출장을 나가야 하고 금요일에는 오후 2시부터 3시간 동안 회의가 잡혀 있어요.

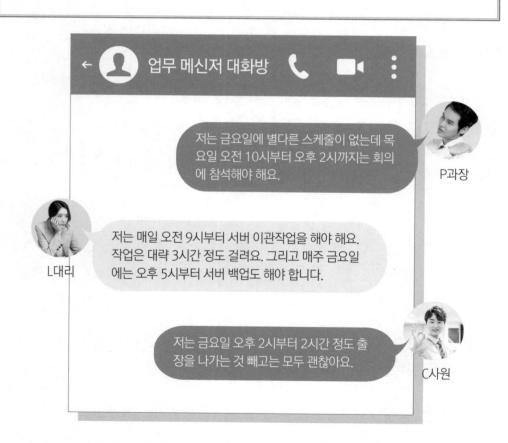

※ **근무시간** : 오전 9시 ~ 오후 6시
※ **점심시간** : 오후 12시 ~ 오후 1시

**27** K부장의 지시와 부원들의 스케줄을 고려하여 C사원이 정해야 할 회의 시간은?

① 목요일 오후 2시

② 목요일 오후 5시

③ 금요일 오전 11시

④ 금요일 오후 1시

**28** K부장이 추가로 다음과 같은 요구를 하였을 때 C사원이 부장을 대신해 출장을 신청해야 하는 부원은?

> **K부장** 갑자기 금요일 오후 3시에 1시간 동안 출장이 잡혔어요. 제가 중요한 회의가 있어서 거래처에 출장을 대신 가실 분이 필요해요. C씨가 스케줄을 확인해서 대신 출장을 신청해 주시고 담당부원에게도 알려 주세요. 만약 시간이 되는 부원이 없다면 다시 알려 주세요. 거래처에 전화해서 일정을 조정해야 하니까요.

① P과장

② L대리

③ C사원

④ 가능한 부원이 없음

[ 29~31번 문항 ] 서로 연관된 세트문항입니다.
○○토이에 근무하는 T씨는 회사에서 노후된 생산 공정을 자동화 시스템으로 개선하는 업무에 참여하고 있다. 다음 상황과 자료를 보고 이어지는 물음에 답하시오.

**부장** T씨. 현재 장난감 생산 라인에 불량률이 너무 높아서 이번에 생산 공정을 자동화 시스템으로 개선하려고 합니다. 현재 생산 시스템과 자동화 시스템 설치 업체에서 보내온 자료를 보시고 회의에 참고할 자료를 만들어 주세요.

## 장난감 제조 과정

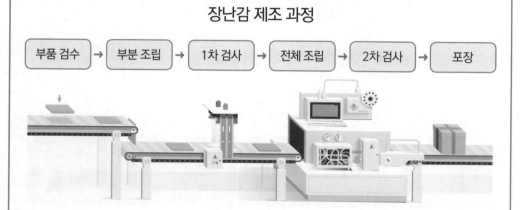

부품 검수 → 부분 조립 → 1차 검사 → 전체 조립 → 2차 검사 → 포장

〈생산 공정 개선 전 불량률〉

| 검사 시점 | 불량률(%) |
|---|---|
| 1차 검사 | 10% |
| 2차 검사 | 10% |

〈생산 공정 개선 후 단계별 장난감 1개당 비용 절감 예상〉

(단위: 백원)

| 단계 | 작업 인원 | 개선 전 비용 | 개선 후 비용 |
|---|---|---|---|
| 부품 검수 | 10명 | 40 | 35 |
| 부분 조립 | 12명 | 77 | 65 |
| 1차 검사 | 6명 | 31 | 31 |
| 전체 조립 | 15명 | 63 | 58 |
| 2차 검사 | 6명 | 31 | 29 |
| 포장 | 7명 | 33 | 31 |

**29** 생산 공정 개선 전 불량률이 자료와 같을 때, 부품 검수 단계에 100개의 장난감을 생산할 분량의 재료가 투입되었다면 최종 생산되는 장난감의 개수는?

① 20개
② 43개
③ 79개
④ 81개

**30** 생산 공정 개선 이전에 장난감 1개를 판매한 이윤은 2,320원이었다. 모든 생산 공정에 자동화 시스템을 도입한다면 장난감 1개를 판매한 이윤은?

① 2,580원
② 2,750원
③ 4,830원
④ 4,920원

**31** 회사 내부 사정으로 모든 공정을 개선하기가 힘들고 최대의 이익을 가져올 2개의 공정만 개선한다고 했을 때 선택해야 할 공정은? (단 동일한 이익이 발생될 때는 많은 인원이 투입되는 공정으로 개선하도록 한다.)

① 부품 검수 / 부분 조립
② 부분 조립 / 전체 조립
③ 부분 조립 / 포장
④ 전체 조립 / 포장

[ 32~34번 문항 ] 서로 연관된 세트문항입니다.

□□시청에 근무하는 H씨는 재물조사를 실시하여 관리번호 스티커를 새로 부착하고자 한다. 다음 자료를 잘 보고 이어지는 물음에 답하시오.

## 관리번호 스티커

| 사용자 | 관리번호 | 사용자 | 관리번호 | 사용자 | 관리번호 |
|--------|----------|--------|----------|--------|----------|
| 송명섭 | 15113G03012007 | 오은정 | 18122E03015014 | 강준규 | 16052D04018001 |
| 현여리 | 13071B03013002 | 정예헌 | 17066O01005011 | 김용찬 | 13075M03013011 |
| 김경철 | 18034J04016008 | 이상일 | 13072F03013023 | 김성헌 | 16077Q04020003 |
| 하민규 | 19056N02009009 | 여인진 | 13081C01002013 | 최정환 | 13074K02010004 |
| 신기성 | 13075L03013018 | 김범식 | 15095L03013005 | 김영철 | 19011A04016002 |

〈참고〉
## 관리번호 체계

| 1906 | 2F | 01001 | 013 |
|------|-----|-------|-----|
| 취득년월 | 위치 및 부서 | 재물종류 | 취득순서 |

※ 2019년 6월 본관 2층 정책기획관에 설치된 사무용가구 중 책상으로 13번째 취득한 재물임

| 취득년월 | 재물의 위치 | | | 재물의 종류 | | | | 취득순서 |
|----------|------|------|------|--------|-----|------|------|----------|
| | 위치 | | 부서 | 대분류 | | 소분류 | | |
| | 1 | 본관 1층 | A 민원실 | 01 | 사무용 가구 | 001 | 책상 | • 취득일이 같은 동일한 재물의 경우 001부터 시작하여 취득순서대로 번호를 매김 |
| | | | B 공보관 | | | 002 | 의자 | |
| | | | C 문화복지국 | | | 003 | 서류장 | |
| | 2 | 본관 2층 | D 시장실 | | | 004 | 서랍장 | |
| | | | E 비서실 | | | 005 | 비품함 | |
| | | | F 정책기획관 | 02 | 일반 가구 | 006 | 소파 | |
| | 3 | 본관 3층 | G 민생경제국 | | | 007 | 옷장 | |
| | | | H 도시디자인국 | | | 008 | 티테이블 | |
| | | | I 환경교통국 | | | 009 | 민원의자 | |
| 예) 1906: 2019년 6월 | 4 | 본관 4층 | J 농업기술센터 | | | 010 | 책꽂이 | |
| | | | K 산업지원본부 | | | 011 | 선반 | |
| | 5 | 별관 1층 | L 차량등록부 | 03 | 사무기기 | 012 | 컴퓨터 | • 취득일이 다르면 동일 재물이라도 번호가갱신됨 |
| | | | M 도시정보센터 | | | 013 | 모니터 | |
| | 6 | 별관 2층 | N 평생학습원 | | | 014 | 세단기 | |
| | | | O 행정안전국 | | | 015 | 복합기 | |
| | 7 | 별관 3층 | P 대강당 | 04 | 전자기기 | 016 | 텔레비전 | |
| | | | Q 회의실 | | | 017 | 냉장고 | |
| | | | | | | 018 | 전자레인지 | |
| | | | | | | 019 | 에어컨 | |
| | | | | | | 020 | 공기청정기 | |

**32** H씨가 별관 1층에 관리번호 스티커를 부착하기 위해 가져가야 할 스티커의 개수는?

① 1개

② 2개

③ 3개

④ 4개

**33** H씨가 스티커를 살펴보다가 1개가 누락된 것을 발견하여 스티커를 제작하고자 한다.
누락된 재물은 2019년 6월에 취득한 세단기로 도시디자인국에서 사용하기 위해 구
입하였다. 당시 세단기는 1개만 구입한 것으로 확인되었다면 제작해야 할 스티커의
관리번호로 옳은 것은?

① 19065M03014005

② 19065M04016001

③ 19063H03014006

④ 19063H03014001

**34** H씨는 부장으로부터 2013년 7월에 취득한 모니터를 폐기 처분하라는 업무 지시를
받고 개수를 파악하기로 했다. 폐기 대상 모니터의 개수는?

① 4개

② 5개

③ 6개

④ 7개

[ 35~36번 문항 ] 서로 연관된 세트문항입니다.
△△출판사에서 사무행정업무 보조를 담당하는 K씨가 전자결재시스템을 등록하려고
한다. 다음 상황과 자료를 보고 물음에 답하시오.

---

**팀장** 이번에 우리 회사가 ◎◎애견회사와 출판권 독점 계약을 하게 됐어요. 관련
서류를 처리하려면 결재를 맡을 일이 꽤 많을 것 같은데 전자결재시스템에 결
재선을 한 번 만들어 두면 업무가 훨씬 수월하게 추진될 것 같네요. K씨가 시
스템에 결재선을 등록해 줄 수 있나요?

---

## 전자결재선 관리방법 안내

1. 로그인 → 결재선 관리 클릭
2. 새로운 결재선을 만드는 경우 → 결재선 등록 버튼 클릭 → ㉮ ~ ㉰ 참조
   기존 결재선을 수정하는 경우 → 수정 버튼 클릭 → ㉮–① , ㉰–① 참조
   기존 결재선을 삭제하는 경우 → ㉮–① , ㉰ 참조

---

1. 결재선 등록  2. 수정
◆ 결재선 등록

| 결재선명 | ① | | 검색 |
|---|---|---|---|

### 직원명단

| 성 명 | ID | 소 속 | 직 위 |
|---|---|---|---|
| 강천사 | leader | △△출판 | 사장 |
| 한운 | goodluck | △△출판 | 상무 |
| 황축복 | bless | △△출판 | 부장 |
| 이환영 | welcome | △△출판 | 과장 |
| 정행복 | happy | △△출판 | 사원 |

▲  ▼

### ② 결재선

| | 순 번 | 성 명 | 직 위 | |
|---|---|---|---|---|
| ☐ | 5 | 강천사 | 사장 | 위 |
| ☐ | 4 | 한운 | 상무 | |
| ☐ | 3 | 황축복 | 부장 | 아래 |
| ☐ | 2 | 이환영 | 과장 | |
| ☐ | 1 | 정행복 | 사원 | |

③ 저장   ④ 삭제

㉮ 결재선명에 희망하는 명칭을 입력

　예) 인쇄비용 처리, 사무용품 구입 등

　　㉮-① 수정하거나 삭제하는 경우 결재선명에서 해당 결재선명을 입력하여 검색

㉯ 해당 인원을 클릭하여 결재선 지정

- 결재선에 결재권자를 추가할 경우 : 직원명단 창에서 이름을 선택 후 ▼ 버튼 클릭

　※ 추가한 결재권자는 결재선 창에서 최상위 순번에 위치함

- 결재선에서 결재권자를 삭제할 경우 : 결재선 창에서 이름을 선택 후 ▲ 버튼 클릭

- 결재선 내 순번 조정 : 결재선 창에서 이름을 선택하고 〔 위 〕 또는 〔아래〕 버튼을 클릭하여 상하 이동

　(결재권자의 순번이 바르게 될 때까지 반복) 예) 사원 → 과장 → 부장 → 상무 → 사장

㉰ 결재선 확정 시 〔저장〕 버튼을 클릭

　㉰-① 기존 결재선에 인원을 추가 또는 삭제, 순번 수정할 경우 작업 후 〔저장〕 버튼을 클릭

㉱ 〔삭제〕 버튼을 클릭하면 해당 결재선을 삭제

**35** 사무행정팀 K씨가 다음 결재선을 신규로 등록하기 위해 작업할 버튼의 순서로 가장 올바른 것은?

---

결재선 : ◎◎애견회사 출판 결재

4 상 　 무 : 한운
3 행정 부장 : 공칠칠
2 행정1과장 : 김열쇠
1 대 　 리 : 왕똑똑

---

◆ 결재선 등록

결재선명　[◎◎애견회사 출판 결재]　ⓛ [검색]

### 직원명단

| 성 명 | ID | 소 속 | 직 위 |
|---|---|---|---|
| ⓒ 강천사 | leader1004 | △△출판 | 사장 |
| ⓔ 한운 | goodluck76 | △△출판 | 상무 |
| ⓜ 황축복 | bless123 | △△출판 | 영업부장 |
| ⓑ 공칠칠 | boll77 | △△출판 | 행정부장 |
| ⓢ 이환영 | welcome79 | △△출판 | 영업1과장 |
| ⓞ 김열쇠 | key8866 | △△출판 | 행정1과장 |
| ⓩ 왕똑똑 | elite456 | △△출판 | 대리 |
| ⓧ 정행복 | happy00 | △△출판 | 대리 |

ⓖ [▲]　　ⓔ [▼]

### 현재 결재선

| 순 번 | 성 명 | 직 위 | |
|---|---|---|---|
| | | | [위] |
| | | | |
| | | | [아래] |
| | | | |
| | | | |

ⓟ [저장]　　ⓗ [삭제]

① ㉠ → ㉣ → ㉧ → ㉚ → ㉫ → ㉦ → ㉧ → ㉛ → ㉫ → ㉤

② ㉠ → ㉛ → ㉠ → ㉦ → ㉠ → ㉚ → ㉠ → ㉣ → ㉠ → ㉤

③ ㉠ → ㉛ → ㉧ → ㉦ → ㉧ → ㉚ → ㉧ → ㉣ → ㉧ → ㉤

④ ㉠ → ㉤ → ㉛ → ㉧ → ㉦ → ㉧ → ㉚ → ㉧ → ㉣ → ㉧

**36** 최근 인사이동으로 정행복 대리가 행정1과장으로 승진하였다. K씨가 이를 반영하여 결재선을 수정할 절차로 가장 적절한 것은?

◆ 결재선 등록

| 결재선명 | ㉠ ○○애견회사 출판 결재 | ㉡ 검색 |
|---|---|---|

**직원명단**

| 성 명 | ID | 소 속 | 직 위 |
|---|---|---|---|
| 한운 | goodluck76 | △△출판 | 상무 |
| 황축복 | bless123 | △△출판 | 영업부장 |
| ㉢ 이환영 | welcome79 | △△출판 | 영업1과장 |
| ㉣ 정행복 | happy00 | △△출판 | 행정1과장 |
|  |  |  |  |
|  |  |  |  |

㉤ ▲     ㉥ ▼

**현재 결재선**

| | 순 번 | 성 명 | 직 위 | |
|---|---|---|---|---|
| ㉦□ | 4 | 한운 | 상무 | ㉾ 위 |
| ㉧□ | 3 | 공칠칠 | 행정부장 | |
| ㉨□ | 2 | 김열쇠 | 행정1과장 | ㉿ 아래 |
| ㉩□ | 1 | 왕똑똑 | 대리 | |
|  |  |  |  | |
|  |  |  |  | |

㉪ 저장     ㉫ 삭제

① ㉠ → ㉡ → ㉣ → ㉥ → ㉩ → ㉤ → ㉪

② ㉠ → ㉡ → ㉣ → ㉥ → ㉾ → ㉿ → ㉪ → ㉩ → ㉤

③ ㉠ → ㉡ → ㉩ → ㉤ → ㉣ → ㉥ → ㉾ → ㉿ → ㉪

④ ㉠ → ㉡ → ㉩ → ㉤ → ㉣ → ㉥ → ㉾ → ㉿ → ㉪

[ 37~40번 문항 ] 서로 연관된 세트문항입니다.
□□농산물 판매업체 고객 상담팀의 직원 K씨는 ◇◇뷔페 관리팀장과 전화 상담을 하고 있다. 다음 상황과 자료를 보고 질문에 답하시오.

| | |
|---|---|
| K씨 | 건강한 먹거리만 제공하겠습니다. □□농산물 판매의 고객 상담원 K입니다. 무엇을 도와드릴까요? |
| 고객 | 안녕하세요. ◇◇뷔페 관리팀장입니다. 식재료로 사용할 품목들을 구입하고 싶은데요. |
| K씨 | 네, 어떤 상품이 필요하세요? |
| 고객 | 감자와 달걀인데요. 유기농 메뉴들을 준비 중이라서 무엇보다 친환경 인증을 받은 것이면 좋겠어요. |
| K씨 | 저희 회사의 상품은 모두 친환경 인증을 받았습니다만 특별히 더 생각하고 있는 기준이 있으신가요? |
| 고객 | 감자는 유기합성농약을 전혀 사용하지 않은 상품이었으면 하고 달걀은 항생제나 호르몬제가 첨가되지 않은 사료를 사용한 정도의 상품이면 될 것 같아요. |
| K씨 | 네, 알겠습니다. 그 밖에 문의 내용은 없으신가요? |
| 고객 | 대량 구입하려고 하니 가격도 좋은 상품으로 부탁드려요. |

〈감자의 종류와 특성〉

(단위: 원)

| 감자 종류 | 재배지 | 친환경 인증기준 | 등급 | 가격(4kg) |
|---|---|---|---|---|
| 루트 감자 | 경북 | 무농약농산물 | 특상 | 14,000 |
| 림보 감자 | 경기 | 유기농산물 | 상 | 12,000 |
| 블루 감자 | 충남 | 유기농산물 | 특상 | 12,700 |
| 연두 감자 | 강원 | 무농약농산물 | 상 | 13,000 |

〈달걀의 종류와 특성〉

(단위: 원)

| 달걀 종류 | 재배지 | 친환경 인증기준 | 등급 | 가격(4kg) |
|---|---|---|---|---|
| 국화 달걀 | 전북 | 유기축산물 | 특상 | 7,000 |
| 장미 달걀 | 충북 | 무항생제축산물 | 상 | 5,500 |
| 유채 달걀 | 경남 | 무항생제축산물 | 특상 | 6,700 |
| 달래 달걀 | 경기 | 무항생제축산물 | 상 | 6,000 |

## [친환경농축산물 인증제도]

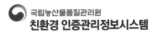

| 유기합성농약과 화학비료를 일체 사용하지 않고 재배 | 유기합성농약을 일체 사용하지 않고, 화학비료는 권장 시비량의 1/3 이내 사용 | 유기농산물의 재배·생산 기준에 맞게 생산된 [유기사료]를 급여하면서 인증기준을 지켜 생산한 축산물 | 항생제, 합성항균제, 호르몬제가 첨가되지 않은 [일반사료]를 급여하면서 인증기준을 지켜 생산한 축산물 |

**37** K씨가 고객의 요구에 맞는 상품을 추천하기 위해 가장 먼저 고려할 내용으로 적절한 것은?

① 상품별로 가격을 확인해 봐야겠군.

② 등급에 대해 말씀이 없으시니 여쭤봐야겠군.

③ 재배지에 대해 말씀이 없으시니 여쭤봐야겠군.

④ 상품별로 친환경 인증기준을 확인해 봐야겠군.

**38** 상품별 특성과 고객의 요구를 종합하여 고려할 때 K씨가 고객에게 추천할 상품이 바르게 짝지어진 것은?

① 림보 감자 – 장미 달걀

② 림보 감자 – 국화 달걀

③ 블루 감자 – 장미 달걀

④ 연두 감자 – 유채 달걀

Memo

**39** K씨가 고객과의 대화 내용을 반영하여 수정한 추천 상품 리스트로 가장 적절한 것은?

---

**K씨** 건강한 먹거리만 제공하겠습니다. □□농산물 판매의 고객 상담원 K입니다. 무엇을 도와드릴까요?

**고객** 안녕하세요. ◇◇뷔페 관리팀장입니다. 저번에 추천해 주신 상품 리스트를 받았는데요. 등급에 따라 상품의 질 차이가 생각보다 크더라고요. 단가가 1,000원 이상 차이가 나지 않는다면 다른 상품으로 다시 추천해 주셨으면 합니다. 아, 저번에 통화했던 내용의 기준들은 그대로 반영해 주시고요.

**K씨** 네, 알겠습니다.

---

① 림보 감자 – 달래 달걀

② 림보 감자 – 유채 달걀

③ 블루 감자 – 유채 달걀

④ 블루 감자 – 장미 달걀

**40** 주문 건에 대해 배송 후 30구의 달걀 중 7구가 파손되었다는 연락을 받게 되었다. K씨가 고객에게 안내할 내용으로 가장 적절한 것은?

## 배송, 교환 및 반품 안내

1. 농축수산물의 경우 주소 불명, 수령인 부재, 연락 두절, 오배송 정보로 인한 반품, 환불, 재발송은 불가합니다. (이로 인하여 발생한 배송비 등은 비용 발생 시 구매자 부담)

2. 상품의 하자(파손, 부패 등)로 인해 90% 이상 파손된 경우 완전 파손으로 구분하며 지불하신 금액을 전액 환불하여 드립니다. (관련 비용 발생 시 판매자 부담)

3. 상품의 하자(파손, 부패 등)로 인해 90% 이하 파손된 경우 부분 파손으로 구분하여 파손된 수량에 한하여 환불 또는 교환하여 드립니다. (관련 비용 발생 시 판매자 부담)

4. 구매자 단순 변심에 따라 반품 또는 교환할 경우 상품 수령 후 7일 이내에만 가능합니다. (관련 비용 발생 시 구매자 부담)

① 파손된 달걀 7구의 경우 환불만 가능합니다.

② 파손된 달걀 7구의 경우 교환만 가능합니다.

③ 교환으로 인해 발생하는 비용은 모두 저희 측에서 부담합니다.

④ 파손된 달걀 7구를 포함하여 30구의 달걀 전부 환불이 가능합니다.

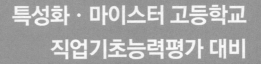

# 정답 및 해설

## 업무처리능력군
## 문제해결 영역

# 1회

| | | | | | | | | | |
|---|---|---|---|---|---|---|---|---|---|
| | | | | | | | | 본문 p.9 | |

| 01 | ④ | 02 | ① | 03 | ③ | 04 | ④ | 05 | ② |
|---|---|---|---|---|---|---|---|---|---|
| 06 | 440 | 07 | ① | 08 | ① | 09 | ③ | 10 | ③ |
| 11 | ④ | 12 | ① | 13 | ① | 14 | ④ | 15 | ② |
| 16 | ④ | 17 | ② | 18 | ① | 19 | ④ | 20 | ④ |
| 21 | ③ | 22 | ③ | 23 | ③ | 24 | ③ | 25 | ④ |
| 26 | ③ | 27 | ② | 28 | ① | 29 | ② | 30 | ③ |
| 31 | ③ | 32 | ③ | 33 | ③ | 34 | ② | 35 | ② |
| 36 | ③ | 37 | ③ | 38 | ③ | 39 | ③ | 40 | ③ |

## 01 ④ 　　　　　　　　　　　　　　　기술선택(기술활용)

제시한 지문에서 부장이 요구한 내용을 살펴보면 USB를 이용한 출력을 요구하고 있으므로 인터페이스의 'USB 2.0' 항목을 선택해야 하고, 높이가 20cm 이상의 제품을 요구하므로 출력 사이즈(mm) (가로×세로×높이)의 '220×220×240, 280×280×240, 300×300×400' 항목을 선택할 수 있다. 하지만 노즐의 크기는 신경 쓰지 않아도 되기 때문에 ④ 300은 검색 조건에 해당하지 않는다.

## 02 ① 　　　　　　　　　　　　　　　　　　　정보처리

우편번호 검색란에 입력한 '기초 3로'는 검색 방법의 도로명+건물번호 〈예시〉를 보면 '도움5로 19'로 제시되어 있는 검색 방법을 위반하였다. 따라서 '기초3로'와 같이 띄어쓰기 없이 입력 검색해야 하므로 ① 도로명을 잘못 입력했나?가 문제의 원인이다.

## 03 ③ 　　　　　　　　　　　　　　　　　　　업무이해

팀장은 천안에서 2019년 3월 1일 생산된 SS19 제품의 검은색 바지(SS19-BL-03-030119)에 대한 이야기를 꺼내며 고객 항의에 대한 문제 상황을 확인했다. 추가적인 문제 상황이 발생하지 않도록 같은 날(2019-03-01) 대전에서 생산된 SS18 제품의 흰색 바지 상태를 확인하라고 지시했으며 일련번호 부여 방식에 따라 번호를 부여하면 SS18(모델명)-WH(색상)-01(공장번호)-030119(월일년 순으로 구성)이 된다. ① 색상과 공장번호가 잘못 표기되었으며 ② 모델명, 색상, 공장번호가 잘못 표기되었다. ④ 모델명과 생산날짜가 잘못 표기되어 오답이다. 일련번호 부여 방식에 맞춰 부여된 ③이 가장 적절하다.

## 04 ④ 　　　　　　　　　　　　　　　　　　　업무이해

팀장과 직원 A씨의 대화를 통해 알 수 있는 이력서 필수 작성 항목은 성명, 생년월일, 주소, 위생 교육 이수 여부이다. ① K씨의 경우 위생 교육은 이수했으나 생년월일과 주소가 미비하고 ② L씨의 경우 생년월일과 주소가 미비할 뿐만 아니라 위생 교육도 이수하지 못했다. ③ S씨의 경우 생년월일과 주소는 제대로 기재되어 있으나 위생 교육을 이수하지 못했다. 모든 항목을 기재하고 교육도 이수한 ④ D씨가 합격자로 가장 적절하다.

## 05 ② 　　　　　　　　　　　　　　　　　컴퓨터활용

문제에서 시리얼 번호의 입력 예시를 살펴보면 숫자와 알파벳만 입력하며 대소문자를 구분하므로, ② mSyr4417KYwr3662와 같이 입력해야 한다. ① msyr4417kywr3662는 대소문자를 구분하지 않았고, ③ mSyr4417-KYwr3662는 -(하이픈)을 입력했으며, ④ msyr4417kywr3662*는 대소문자를 구분하지 않고 *(별표)를 입력했다.

## 06 440 　　　　　　　　　　　　　　　　　　정보처리

도서명의 별자리는 천문학에 해당되므로 분류번호 440에 해당된다.

## 07 ① 　　　　　　　　　　　　　　　　시간자원관리

일정 변경 전에는 '마케팅 팀 회의(오전 9시) → 관리기획부 회의(오전 11시 30분) → 제품 불량 상태 점검(오후 1시~3시) → 제품 기획안 미팅(오후 3시 ~)' 순으로 진행될 예정이었으나 제품 기획안 미팅이 오전 11시, 관리기획부 회의가 오후 5시로 변경되면서 일정이 조정되었다.
변경된 일정을 정리하면 '마케팅 팀 회의(오전 9시) → 제품 기획안 미팅(오전 11시) → 제품 불량 상태 점검(오후 1시~3시) → 관리기획부 회의(오후 5시) → 거래처 미팅 장소 예약' 순으로 진행된다.

## 08 ① 　　　　　　　　　　　　　　　　인적자원관리

근무 순서는 3월과 동일하게 진행된다. 3월 셋째 주 근무시간표와 4월 셋째 주 근무시간표가 동일하다고 볼 때 ① 3월 셋째 주 - '11근무-12출장-13출장-14휴무'의 일정과 4월 셋째 주 - '15근무-16출장-17근무-18휴무'의 일정이 일치하지 않는다. 총무 직원 S씨는 주어진 자료 '13출장'을 토대로 '17근무→17출장'으로 수정해야 한다.

## 09 ③ 　　　　　　　　　　　　　　　　　컴퓨터 활용

비밀번호 작성 규칙에 따르면 ① wooribook은 영문 대문자, 숫자가 포함되지 않았고, ② Wooribook은 숫자가 포함되지 않았으며, ④ wooribook#9는 영문 대문자가 포함되지 않고 특수문자가 포함되었다. 따라서 ③ WooriBook9가 가장 적절한 비밀번호이다.

**10** ③

①의 보기는 수표와 숫자 2가 결합되어 있는 2층 버튼, ②의 보기는 수표와 숫자 3이 결합되어 있는 3층 버튼, ④의 보기는 수표와 숫자 8이 결합되어 있는 8층 버튼이 올바르게 점자 표기되어 있다. ③의 보기는 수표와 숫자 4가 결합되어 4층 버튼을 표기하고 있으므로 점자의 위치를 수정해야 한다.

**11** ④ 인적자원관리

② 부장 K씨가 한식 경험이 있는 조리사를 우선 채용하기로 하면서 한식 경험이 없는 B씨는 명단에서 제외되었다. ③ C씨의 경우 한식 조리 경험이 있지만 평일만 근무 가능하여 제외되었다. ① A씨의 경우 한식 조리 경험이 있고 주말 근무도 가능하지만 파트타임 근무가 불가능하다. 그러므로 ④ '한식 경험과 주말 근무 가능자, 파트타임 가능자' 총 3가지 조건을 모두 충족하는 D씨를 추가 채용하는 게 옳다.

**12** ① 컴퓨터활용

부장의 요구 사항대로 이름의 앞 1글자를 추출하기 위해 LEFT(C3,1) 함수를 사용해야 하고, 사원번호의 3번째 자리부터 6번째 자리까지를 추출하기 위해 MID(B3,3,4) 함수를 사용해야 한다. 또한 두 문자열을 합치기 위해 & 기호를 사용해야 한다.

**13** ① 조직체제이해

분류되어 있는 파일을 살펴보면 '1 2017년', '2 2018년', '3 2019년' 순으로 연도를 기준으로 정렬되어 있다. 그 다음 '01 1사분기', '02 2사분기', '03 3사분기', '04 4사분기'를 나열하며 3개월씩 정리하여 파일을 분류하였다. 마지막으로 통장 개설 번호를 10,000 단위를 기점으로 하여 분류하며 파일 분류 체계를 완성하였다.

**14** ④ 물적자원관리

④ 2019년 12월 마지막 영업일이므로 '통장 개설 현황 / 3 2019년 / 04 4사분기(10월~12월)'에 해당한다. 30,000번대 번호를 사용하고 있으므로 '004 30000~39999'에 정리해야 한다.
① '2 2019년'이 아닌 '3 2019년'이며 '04 3사분기'가 아닌 '04 4사분기'이다. ② '04 3사분기'가 아닌 '04 4사분기'이며 '003 30000~39999'가 아닌 '004 30000~39999'이다. ③ '2 2019년'이 아닌 '3 2019년'이며 '003 30000~39999'가 아닌 '004 30000~39999'이다.

**15** ② 기술이해

사장의 요구 사항을 살펴보면, 냉풍 기능을 요구하므로 풍량 조절 항목을 살펴봐야 하며, 전자파 차단 기능을 요구하므로 기능 항목을 살펴봐야 하고, 30만 원 이내의 제품을 요구하므로 가격 항목을 살펴야 한다. 또한 제품 고장 시 직접 가기 힘들다고 하므로 A/S 기간 및 방법을 살펴봐야 한다. 하지만 헤어드라이어 무게에 관한 언급은 없으므로 무게 항목은 비교할 필요가 없다.

**16** ④ 기술이해

① HD-130P 제품은 가격 요구 사항에 맞지 않고, ② HD-190A 제품은 A/S 방법이 매장 방문으로 요구 사항에 맞지 않으며, ③ HD-230S 제품은 전자파 차단 기능이 없는 제품으로 ④ HD-330A 제품이 사장의 요구 사항에 가장 적절하다.

**17** ② 업무이해

원산지 표시 지침에 따라 가장 먼저 해야 할 일은 ② 배추의 원산지를 확인하는 일이다. 배추의 원산지가 국내산인지 수입산 혹은 절인 배추인지에 따라 표기 방법이 1차적으로 분류된다. ①, ④ 보기는 배추의 원산지를 확인한 후 이뤄져야 할 절차이다. ③ 배추 농가의 위치는 원산지 표시 지침과 무관하다.

**18** ① 업무이해

국내산 배추김치를 사용하였으며 김치에 사용된 원료 농산물의 원산지가 모두 국산인 경우 ① 배추김치(국산)으로 표기한다. ② 국내산 배추를 사용하여 국내에서 배추김치를 조리하여 판매한 경우에 해당한다. ③ 배추김치(배추 강원도산)은 올바르지 않은 표기 방법이며 ④ 배추김치(국내산과 수입산 섞음)의 경우 국내산과 수입산 재료를 섞었을 경우에만 사용하는 표기법이다.

**19** ④ 물적자원관리

(가) 항공권은 왕복 항공료의 합이 300만 원을 초과하므로 선택이 불가하고 (다) 항공권은 총 소요 시간이 15시간을 초과하므로 선택이 불가하다. (나)와 (라) 항공권 모두 조건을 만족하지만 (라) 항공권이 가격이 저렴하기 때문에 선택하였다.

**20** ④ 물적자원관리

19번 문제에서 선택한 항공권의 총 소요 시간이 14h 30m(11h 35m + 1h 15m + 1h 40m)으로 아래 계산에 따라 도착 현지 시간은 12월 15일 21:00가 된다.

| 한국 시각 | 12월 15일 15:30 |
| --- | --- |
| 소요 시간 | + 14시간 30분 |
| 시차 | − 9시간 |
| | = 12월 15일 21:00 |

**21** ③

③ 인사부장은 5월 8일부터 10일까지 해외 출장이 계획되어 있었지만 취소되었으므로 대체공휴일인 5월 6일만 X(전일 불가능)로 표기해야 한다. 표에는 8일부터 10일까지 회의 참석이 불가능하다고 표기되어 있으므로 수정해야 한다.

① 기획부장은 신제품 워크숍 일정이 5월 10일부터 15일까지 5일간 계획되어 있지만 15일은 오전에 회사로 복귀가 가능하여 10, 13, 14일은 X(전일 불가능), 15일은 P(오후 가능)로 표기한다.

② 생산부장은 공장 점검 주간으로 인해 5월 3주차에는 회의 참석이 불가능하여 13일부터 17일까지 X(전일 불가능)로 표기한다.

④ 홍보부장은 5월 1일부터 3일까지 지방출장이 계획되어 있어서 X(전일 불가능)로 표기해야 하며 2주차 목요일인 5월 9일도 홍보부서 회의가 있으므로 X(전일 불가능)로 표기해야 한다.

**22** ③

21번 문제의 잘못 정리된 표를 수정하면 다음과 같다.

| 날짜\부서 | 5월 1주차 | | |
|---|---|---|---|
| | 수 1 | 목 2 | 금 3 |
| 홍보 | × | × | × |
| 인사 | ○ | ○ | ○ |
| 기획 | ○ | ○ | ○ |
| 생산 | ○ | ○ | ○ |

| 날짜\부서 | 5월 2주차 | | | | |
|---|---|---|---|---|---|
| | 월 6 | 화 7 | 수 8 | 목 9 | 금 10 |
| 홍보 | × | ○ | ○ | × | ○ |
| 인사 | × | ○ | ○ | ○ | ○ |
| 기획 | × | ○ | ○ | ○ | × |
| 생산 | × | ○ | ○ | ○ | ○ |

| 날짜\부서 | 5월 3주차 | | | | |
|---|---|---|---|---|---|
| | 월 13 | 화 14 | 수 15 | 목 16 | 금 17 |
| 홍보 | ○ | ○ | ○ | ○ | ○ |
| 인사 | ○ | ○ | ○ | ○ | ○ |
| 기획 | × | × | P | ○ | ○ |
| 생산 | × | × | × | × | × |

※ A : 오전 가능 , P : 오후 가능, ○ : 전일 가능, × : 전일 불가능

모든 부장들이 참석 가능한 날은 5월 7일(화), 5월 8일(수) 단 2일로 그 중 더 빠른 날짜는 5월 7일(화)로 답은 ③ 7일(화)이다.

**23** ③

〈불량검사 절차〉에서 불량률 확인 순서도의 합격 판정은 1% 미만으로 명시되어 있기 때문에 불량률을 확인해야 한다.

**24** ③

③ IM−0103PV43 사출기의 경우 불량률이 1.2169%로 전수 검사 대상에 포함된다.

**25** ④

전광판의 경우 색으로 분류가 되어 색 표기법을 이해해야 한다. 경매가 진행 중인 경우 노란색, 대기 중인 경우 빨간색, 완료된 경매의 경우 초록색으로 표기한다.

① 빨간색의 경우 대기 중인 경매를 뜻하는 의미로 경매가 종료된 것이 아니다. ② B씨와 C씨는 각자의 물건을 경매에 내놓은 생산자이다. ③ 홍새우의 경매는 현재 진행 중(노란색 표기)이며 흰다리새우의 경매는 대기 중(빨간색 표기)이다.

**26** ③

A씨의 경우 새우 경매에 참여하기 위해 30만 원을 준비해 왔으나 현재 479번이 34만 원의 단가로 경매에 참여하고 있다. 이 상황을 분석해 볼 때, 홍새우의 응찰을 포기하고 흰다리새우의 경매를 기다리는 게 바람직하다.

① 479번보다 높은 가격으로 추가 응찰할 경우 준비해 온 30만 원을 초과하게 되어 바람직하지 않다.

② B씨의 경우 홍새우의 생산자로 경매에 참여하고 있으며 응찰은 하지 않는다.

④ C씨의 경우 흰다리새우의 생산자로 경매에 참여하기 위해 차례를 기다리고 있다.

**27** ②

제품번호 부여 방법에서 1번, 2번 라인은 외주작업으로 인해 드론 생산 중단 상태, 추후 드론 생산 라인으로 재개 예정이라고 명시하였으므로 모두 동일하다.

**28** ①

출시년도는 2019년이므로 '2019', 생산 라인은 3번이므로 'L3', 카메라 해상도는 800만 화소이므로 'E', 로터(프로펠러)의 개수는 6개로 'H'이므로 제품번호는 '2019−L3EH'가 된다.

**29** ②

〈2분기 강좌 후보〉에서 개설 가능 시간이 스킨스쿠버−B : 매주 월, 수, 금 / 수질환경관리 : 매주 수, 금 / 수족관리 : 매주 월, 목 / 해양구조 : 매주 화, 목, 금으로 제시되어 있으므로 ①, ③, ④는 바르게 표시되어 있지만, ② 수질환경관리의 개설 가능 시간은 화, 수, 금에 'O'표가 되어 있어 수, 금으로 수정이 필요하다.

**30** ③

원장이 "주부 대상 수족관리 과정은 오후 7시 이전에 마쳐야 합

니다."라고 요구했기 때문에 수족관관리 과정은 19:00 이전에 마쳐야 한다. 하지만 ③번 시간표에는 수족관관리 강좌가 19:00~19:50에 개설되었기 때문에 적절하지 않다.

## 31 ③

③ 사외 전화 발신 방법은 주어진 자료(3. 외부로 전화걸기)를 통해 확인할 수 있다. 단, ① 사원 경력이나 ② 직통 팩스 번호, ④ 발신 번호 확인 방법의 경우 주어진 자료를 통해 확인하기 어렵다.

## 32 ③

주어진 자료를 참고하여(돌려주기 : 돌려주기 버튼 + 직통번호 + 수화기 내려놓기) 기획 팀장에게 전화를 돌리려고 하면 ③ '돌려주기 → 2 → 7 → 0 → 0'이 가장 적절하다. ①의 경우 전화를 당겨 받는 방법이며 ②의 경우 잘못된 방법이다. ④의 경우 번호를 누른 후 돌려주기 버튼을 눌러야 하므로 순서가 잘못되어 옳지 않다.

## 33 ③

③ 거래처와의 대화 내용을 분석하면 어떤 항목을 고려해야 할지 알 수 있다. 국보다 수프 종류를 선호하며(국/수프 조건) 디저트로 경단과 제철과일을 요구하고 있다(디저트, 디저트 변경 가능 여부 조건). 가격은 개당 6만 원 이하로 행사 준비를 하고자 하며(가격 조건) 수량은 60개 정도지만 직접 가지러 가는 것이 어려워 배달을 원한다(배달 조건). 거래처와의 대화 내용을 토대로 ③ 가격, 국/수프, 디저트, 디저트 변경 가능 여부, 배달 조건을 고려하는 게 바람직하다.

## 34 ②

거래처와의 대화를 바르게 정리하면 아래와 같다.

| 종류<br>조건 | 워너블<br>도시락 | 아미<br>도시락 | 레벨<br>도시락 | 무무<br>도시락 |
|---|---|---|---|---|
| 가격 | × | ○ | ○ | ○ |
| 국/수프 | × | ○ | ○ | × |
| 디저트 | ○ | ○ | ○ | × |
| 배달 | × | ○ | ○ | ○ |

※ ○ : 요구사항 일치, × : 요구사항 불일치

## 35 ②

① 아이스 팩 동봉 여부는 주어진 제시문을 통해 도출할 수 없다. ③, ④번의 경우 추가로 확인할 내용으로 바람직하지 않다. 행사 준비 문제로 이동이 어려워 시간에 맞춰 보내 주실 수 있는지 물었으므로 배송가능 시간을 확인하는 ② 보기가 가장 적절하다.

## 36 ③

① 레벨 도시락의 경우 치킨 샌드위치와 참치 오믈렛 등 한식보다 양식에 가까운 메뉴이므로 조건이 일치하지 않는다.

② 무무 도시락의 경우 가격 조건이 일치하고 한국 대표 메뉴가 포함된 합리적인 도시락이지만 디저트 조건이 충족되지 않아 거래처에 추천하기 어렵다.

④ 워너블 도시락의 경우 개당 7만 원으로 가격 조건에 일치하지 않는다.

③ 아미 도시락의 경우 가격이 5만 2천 원으로 가격 조건에 해당하며 한국 대표 메뉴로 한우갈비찜이 포함되어 있다. 디저트는 제철과일만 제공되지만 디저트 변경이 가능하기 때문에 거래처에 추천할 도시락으로 충분하다.

## 37 ③

고객의 요구조건을 보면 '오래 사용할 수 있는 제품'에서 수명이 긴 제품, '누구나 쉽게 전구를 갈아 끼울 수 있어야 하고'에서 교체 난이도가 쉬운 제품, '연간 전기요금이 낮은 제품'에서 소비 전력이 낮은 제품, '눈 건강에 해롭지 않게 피로가 적은 제품'에서 눈의 피로도가 낮은 제품을 원하므로 ③ 눈의 피로도, 수명, 소비 전력, 교체 난이도를 고려해야 한다.

## 38 ③

고객이 요구하는 요소는 눈의 피로도, 수명, 소비 전력, 교체 난이도로(37번 해설 참고) 올바른 점수표는 다음과 같다. 개당 가격, 밝기는 고객이 요구하는 요소에 해당하지 않는다.

| | 백열등 | 형광등 | 삼파장 | LED |
|---|---|---|---|---|
| 눈의 피로도 | 1점 | 2점 | 4점 | 4점 |
| 수명 | 1점 | 3점 | 3점 | 4점 |
| 소비 전력 | 1점 | 3점 | 3점 | 4점 |
| 교체 난이도 | 4점 | 3점 | 3점 | 1점 |

## 39 ③

38번의 올바른 점수표에 따라 삼파장과 LED가 모두 13점이므로 둘 중 하나를 구분하기 위해 조명의 밝기를 고려해야 한다. ①은 개당 가격이 서로 같고 ②는 눈의 피로도 항목도 서로 같으며, ④의 교체 난이도는 이미 고려한 항목이다.

## 40 ③

삼파장의 밝기는 1,500루멘이고 LED의 밝기는 1,000루멘이므로 고객의 요구에 따라 ③ 삼파장을 추천해야 한다.

## 2회

본문 p.47

| | | | | | | | | | |
|---|---|---|---|---|---|---|---|---|---|
| **01** | ① | **02** | ③ | **03** | ② | **04** | ③ | **05** | ④ |
| **06** | ③ | **07** | ③ | **08** | 05 폴더 | **09** | ② | **10** | ③ |
| **11** | ④ | **12** | ① | **13** | ④ | **14** | ① | **15** | ③ |
| **16** | ④ | **17** | ④ | **18** | ④ | **19** | ④ | **20** | ④ |
| **21** | ② | **22** | ③ | **23** | ② | **24** | ③ | **25** | ② |
| **26** | ② | **27** | ② | **28** | ④ | **29** | ④ | **30** | ② |
| **31** | ② | **32** | ③ | **33** | ② | **34** | ① | **35** | ④ |
| **36** | ④ | **37** | ③ | **38** | ② | **39** | ③ | **40** | ④ |

**01** ①    물적자원관리

이벤트 상품을 모두 소고기로 진행하기에 비용이 부족하다는 K씨의 의견으로 보아 대체재(재화 중에서 동일한 효용을 얻을 수 있는 재화)가 필요한 상황이다. 소고기는 비용이 부족하여 이벤트 상품으로 진행할 수 없는 상황이므로 ② 소고기(100g당 8,000원)와 ③ 양고기(100g당 10,000원)는 제외된다. ④ 돼지고기의 경우 가격은 가장 저렴하나 스페인산이므로, 고기 가격과 원산지를 모두 고려한 ① 닭고기가 대체용 고기로 가장 적절하다.

**02** ③    업무이해

이번 주 인기 소설을 나열하고자 할 때, 소설의 경우 시리즈 상품이 없으므로 배치 기준 1, 2만 고려하면 된다. 자격증과 소설은 다른 장르이기 때문에 배치 기준 1에 맞춰 자격증 책과 소설책이 겹치지 않도록 오른쪽에 배치해야 한다. 또한 배치 기준 2에 맞춰 소설책과 소설책이 겹치지 않도록 왼쪽에 배치할 경우 ③ 자격증 책과 소설책의 가운데에 배치하는 것이 가장 바람직하다.

**03** ②    기술선택

사장이 요구한 내용에서 LAN은 4포트 이상이 되어야 하므로 ① 8포트 선택은 이상 없다. 메모리는 50메가바이트(MB) 이상이므로 ③ 64MB 선택도 적절하며, 유선 전송속도는 기가비트 이상이 되어야 하는데 ④ 1Gbps이므로 이상 없다. 하지만 안테나 수에 대한 언급은 없었으므로 ② 4개는 검색 조건에 해당하지 않는다.

**04** ③    정보처리

검색방법의 도로명+건물번호 예)를 보면 '도움5로 19'로 제시되어 있는데 A씨가 입력한 검색어는 도로명과 건물번호 사이를 띄어 쓰

지 않았다. 따라서 '기초로 366'과 같이 수정 후 검색해야 한다.

**05** ④    업무이해

① 문의사항을 여러 번 묻는 것은 실례이므로 정확한 내용 파악을 위해 메모가 필요하다. ② 업무부서뿐만 아니라 직위, 성명까지 파악 후 사내연락망을 통해 전달한다. ③ 전화가 끊어질 경우를 대비하여 담당자의 직통번호를 알려주어야 한다. ④ 담당자와 연결된 후 모든 역할이 마무리되었으므로 수화기를 제자리에 내려놓는 것이 옳다.

**06** ③    업무이해

작성 방법을 참고할 때, 이름은 5글자 이내이면 된다. ①의 경우 홍길동으로 성을 제외하고 모두 두 글자이므로 정정사항이 없다. ② 출생 일시 또한 24시각제로 바르게 표기되었으며 ④ 세대주와의 관계도 부모의 자(子)로 잘 기재되어 있다. 단, ③ 출생장소의 경우 최소 행정구역의 명칭(구의 경우 '동', 도로명주소의 경우 '도로명')까지 기재해야 하므로 수정이 필요하다.

**07** ③    정보처리

③ 문미연의 경우 등록 양식에 작성한 정보와 비교하여 주소가 입력 오류로 '서울특별시 관악구 OO1길 34'로 수정하여 입력해야 한다.

**08** 05 폴더    정보처리

다운로드한 NCS 학습모듈은 0601010907_13v1로 세분류는 09. 의지보조기에 해당한다. 폴더 이름을 보면 05 폴더가 의지보조기에 해당한다.

**09** ②    컴퓨터활용

아이디는 영문 대문자, 소문자 숫자를 사용 가능하므로 이상이 없다. 회사전화번호는 필수항목이 아니기 때문에 생략해도 상관없고, 메일 주소도 인증 완료 버튼이 활성화되어 있고 필수항목이 아니므로 상관없다. 비밀번호는 영문 소문자, 숫자, 특수문자만 허용되지만 L씨는 영문 대문자 B를 포함하여 작성했기 때문에 회원가입이 완료되지 않았음을 알 수 있다.

**10** ③    컴퓨터활용

①, ④의 방법은 파일의 크기가 커지고 ②의 방법은 파일의 크기와 상관이 없다. ③의 방법대로 가로, 세로 해상도를 줄이면 파일의 크기가 줄어든다.

**11** ④    문제처리

회사의 통근 버스는 A-1 구역을 지나 B-1 구역, B-2 구역, C-1

구역으로 향하는 동선이다. 단, 다시 돌아올 때에는 C-1 구역에서 유턴이 불가능하여 후진하여 이동한다. A-1 구역과 B-1 구역, B-2 구역의 경우 정방향에 위치하여 사고 발생 확률이 상대적으로 낮다. 그러나 C-1 구역의 경우 유턴이 불가능하여 사고 발생 확률이 높으며 오늘도 후진하던 중 사고 우려가 있었다. 그러므로 C-1 구역으로 가는 동선을 수정하는 것이 가장 적절하다.

## 12 ①
시간자원관리

| 이동수단 | 회사 → 터미널, 기차역 | | 출발시간 | |
|---|---|---|---|---|
| KTX | 20분 | 13:20 도착 | 매 시 정각 | 14:00 |
| 고속버스 | 30분 | 13:30 도착 | 매 시 정각<br>매 시 20분<br>매 시 40분 | 13:40 |
| 무궁화호 | 10분 | 13:10 도착 | 매 시 정각<br>매 시 30분 | 13:30 |
| 새마을호 | 10분 | 13:10 도착 | 매 시 정각<br>매 시 30분 | 13:30 |

| 이동수단 | 터미널<br>기차역<br>→ 대전역 | 터미널<br>기차역 → 지점 | 도착<br>시간 |
|---|---|---|---|
| KTX | 1시간 | 도보 7분 | 15:07 |
| 고속버스 | 2시간 | 택시 7분 | 15:47 |
| 무궁화호 | 1시간 50분 | 도보 7분 | 15:27 |
| 새마을호 | 1시간 35분 | 도보 7분 | 15:12 |

## 13 ④
기술이해

모터보트 제품 특성표의 ★을 점수로 환산하여 합산하면 다음과 같다.

| 모델명 | 가격 | 안전성 | 디자인 | 내구성 | 실용성 | 합계 |
|---|---|---|---|---|---|---|
| MB-310K | 3 | 4 | 3 | 3 | 5 | 18 |
| DK648 | 2 | 4 | 3 | 3 | 4 | 16 |
| A360S | 4 | 4 | 2 | 3 | 4 | 17 |
| K64GB-S | 5 | 3 | 5 | 2 | 4 | 19 |

위 합계를 통해 가장 점수가 높은 모델은 ④ K64GB-S임을 알 수 있다.

## 14 ①
기술이해

사장이 요구한 4가지 기준에 맞추어 점수표를 구성하면 다음과 같다.

| 모델명 | 가격 | 안전성 | 내구성 | 실용성 | 합계 |
|---|---|---|---|---|---|
| MB-310K | 3 | 4 | 3 | 5 | 15 |
| DK648 | 2 | 4 | 3 | 4 | 13 |
| A360S | 4 | 4 | 3 | 4 | 15 |
| K64GB-S | 5 | 3 | 2 | 4 | 14 |

새로운 점수표에 따르면 ① MB-310K와 ③ A360S 모델의 점수가 15점으로 같고 첫 번째 우선순위인 안전성도 4점으로 같지만, 두 번째 우선순위인 실용성에서 ① MB-310K모델이 5점으로 높기 때문에 ①을 선택해야 한다.

## 15 ③
기술이해

고객은 어머니의 염색을 직접 해드리고 싶어서 염색약을 추천받고 있다. 특히 두드러기로 고생한 어머니 때문에 성분이 좋은 제품을 찾고 있으므로 천연 염모제도 중요하지만 가장 우선적으로 알레르기 유발 주의 성분이 포함되어 있는지 여부를 확인해야 한다.

## 16 ③
기술이해

거동이 불편하신 어머니의 염색을 대신 해드려야 하는 상황이다. 두드러기로 고생하셨다고 했으므로 부작용이 나오지 않은 C회사 염색약과 D회사 염색약 중에서 검정색으로 염색이 가능한 ③ C회사 염색약을 추천하는 것이 가장 적절하다.

## 17 ④
업무이해

추가 응찰을 희망할 경우 가격을 먼저 입력 후 응찰 버튼 눌러야 한다. ①, ②의 경우 응찰 버튼을 먼저 눌러 응찰이 이루어지지 않는다. 현재 경락단가가 886,000원이므로 그보다 높은 가격을 입력해야 추가 응찰할 수 있다. 동일하거나 낮은 가격을 입력할 경우 처리되지 않으므로 ③은 응찰이 이루어지지 않는다.
④의 경우 886,000원보다 2,000원 높은 888,000원의 가격을 먼저 입력한 후 응찰 버튼을 누른 경우에 해당하므로 추가 응찰이 가능하다.

## 18 ④
업무이해

① 평균가격보다 높게 낙찰을 받았으므로 틀린 보기이다. ② 경매 결과를 확인한 후 내릴 결론에 가깝지 않으며 ③ 다음 경매만 고려하고 있으므로 현재 상황에 알맞지 않은 결론이다. 최저가와 비교하여 170,000원, 평균가와 비교하여 85,000원의 차이가 발생했으므로 낙찰받은 가격을 검토해서 다음 경매의 경락단가를 준비하는 ④ 결론이 가장 적절하다.

## 19 ②
물적자원관리

40~50대의 경우 드라마에 나온 장면을 보고 요즘 들어 문의전화가 오고 있다고 했으므로 ① 도입기에 해당한다. 하지만 20~30대의 경우 회사 제품에 대한 반응이 40~50대보다 좋으며 가스레인지 제품의 검색 비율도 지난주에 비해 12% 상승, 거실등 상품의 경우 6개월 전부터 예약 주문이 지속적으로 상승하고 있다고 한 결과 제품의 수요와 이익이 증가되는 시기이므로 ② 성장기에 해당한다.

## 20 ④
업무이해

40~50대의 경우 가스레인지와 거실등 제품이 드라마 방송에 나온 후 문의 전화 빈도가 상승했다. 그러므로 ④ '가스레인지와 거실등 상품을 같이 구입 시 할인되는 결합 상품을 안내'하는 것이 판매량

을 늘리기 위한 상담 내용으로 가장 적절하다. ① 반드시 제품 판매 전 설명해야 하는 내용이므로 판매량을 늘리기 위한 상담 내용보다 필수 상담 내용에 가깝다. ②, ③은 반드시 포함되어야 하는 내용은 아니며 40~50대의 제품 구매를 돕기 위한 내용으로 추가 정보에 해당한다.

**21** ②　　　　　　　　　　　　　　　　　　　　　정보처리

B사원은 총무부에 근무하므로 사원번호의 (라), (마)에 해당하는 부서코드가 15가 되어야 한다. D과장은 사원번호의 (가)~(마)에 해당하는 코드가 07116으로 모두 맞지만 각 자리의 합이 15가 되어 (바)의 검증코드는 7로 나눈 나머지인 1이 되어야 한다.

**22** ③　　　　　　　　　　　　　　　　　　　　　정보처리

TF팀장 선출 기준에 따라 D과장이 $14 + (19 - 7) + (6 - 1)$로 총점 31점이 되어 팀장으로 선출되며 신청 월 03, 개발경력 $14 + 3 = 17$, TF팀 고유번호 9를 조합하여 새로운 팀장의 사원번호는 03179가 된다.

**23** ②　　　　　　　　　　　　　　　　　　　　조직체제이해

김국어 대표뿐만 아니라 두 명의 전무까지 함께 상석에 앉을 수 있는 회의실을 예약하도록 부장이 지시했으므로 총 3명이 상석에 앉을 수 있는 2회의실을 예약해야 한다. 그러므로 ②는 J씨가 취할 행동으로 가장 적절하다. ① 회의 참석자 명단을 보고 총 7명이 회의에 참석한다는 것을 알 수 있으므로 적절하지 않다. 동일한 직위의 경우 이름순으로 자리를 부여하여 나이에 대한 자료는 필요하지 않아 ③ 또한 적절하지 않다. ④의 경우 부장이 명패를 준비해 달라고 했으므로 개인적인 의견으로 명패를 준비하지 않는 것은 옳지 않다.

**24** ③　　　　　　　　　　　　　　　　　　　　조직체제이해

상석이 총 3명이 앉을 수 있어야 하므로 2회의실의 ㄷ자형 구조로 준비해야 한다. 자리 배치 방법에 따라 1번 자리에는 김국어 대표를 배치한다. 2명의 전무는 직책이 동일하므로 이름 순서대로 김국어 대표의 양쪽에 이영어 전무, 황사회 전무를 배치한다. 4번, 5번 자리 또한 동일 직책이므로 4번에 강과학 이사, 5번에 황수학 이사를 배치해야 한다. 6번 자리에는 최체육 부장, 남은 자리에 서미술 과장이 앉는 순으로 배치를 완료하는 것이 적절하다.

**25** ②　　　　　　　　　　　　　　　　　　　　컴퓨터활용

사장의 요구사항에서 '주로 교육과 수업에 대한 연구를 진행'한다고 되어 있고, '홈페이지를 통한 이익 극대화를 기대한다.'라고 했으므로 영리업체이며 연구기관의 성격을 원하는 것을 알 수 있다. 따라

서 .re.kr이 가장 적합한 도메인이 된다.

**26** ②　　　　　　　　　　　　　　　　　　　　기술이해

①은 고온경고 스티커로 주요 재해 내용의 C에 해당되며, ③ 스티커는 넘어짐주의 스티커로 주요 재해 내용의 A에 해당한다. 또한 ④ 스티커는 베임·찔림주의 스티커로 주요 재해 내용의 D에 해당한다. 하지만 ② 스티커는 N씨가 부착해야 할 스티커와 거리가 멀다.

**27** ②　　　　　　　　　　　　　　　　　　　　기술이해

첨부파일의 PC 교체 및 부품 교체 기준을 보면 PC 교체 기준은 '구입일자 기준 만 5년 이상 경과한 PC'로 되어 있다. 총무부장의 업무메일 발신일이 2019년 6월 5일이므로 2014년 6월 이전에 구입한 PC가 교체되어야 한다. PC관리번호의 앞 6자리에 따라 2013년 12월에 구입한 유관순의 PC와 2014년 4월에 구입한 김구의 PC가 교체 대상이 된다.

**28** ④　　　　　　　　　　　　　　　　　　　　기술이해

유관순과 김구의 PC는 전체 교체 대상이므로 부품 교체에 해당되지 않는다. 나머지 PC에서 교체 대상을 찾아보면 CPU는 이육사, 안창호, 윤봉길이 부품 교체 대상이며, RAM은 안창호, 김규식이 교체 대상이고, HDD는 이육사, 윤봉길이 교체 대상이다.

**29** ④　　　　　　　　　　　　　　　　　　　　물적자원관리

6월 초순 시작되는 고추 역병은 장마기에 주로 확장되어 8, 9월에 심해지므로 6월이나 장마기만 주의한다는 ①, ②는 옳지 않다. ③ 토양뿐만 아니라 배수 상태도 매일 확인하고 점검해야 한다. 수시로 토양과 배수 상태를 점검하고 대비하려는 ④ 결론이 가장 바람직하다.

**30** ②　　　　　　　　　　　　　　　　　　　　물적자원관리

고추 역병은 6월 초순 발생할 가능성이 있으며 장마기에는 확장된다. 7월은 날씨를 참고할 때, 장마가 예상되며 8월과 9월은 역병 발생이 가장 심해지는 기간이므로 6월~9월까지는 고추 역병에 대비해야 한다.

**31** ②　　　　　　　　　　　　　　　　　　　　시간자원관리

②번 시간표의 경우 3시간 분량의 '무선 공유기(AP) 및 IP CCTV 해킹 / 보안'이 1, 2로 나뉘어져 총 4시간이 편성되었고, 3시간 분량의 '팀별 가상 프로젝트 발표'가 2시간으로 편성되어 시간표 작성에 오류가 발생하였다. ①, ③, ④번 시간표는 모든 강의의 합계 시간이 작년 시간표와 동일하다.

**32** ③ 시간자원관리

1일차에 진행되는 지능형 IoT 시스템 구현 시간에는 노트북 지참이 필수이지만 2일차에 진행되는 무선 공유기(AP) 및 IP CCTV 해킹 / 보안 시간에는 공유기를 지급하므로 지참할 필요가 없다.

**33** ② 물적자원관리

온도 조건과 토양 수분은 기간에 따른 변화가 있지만 토양 산도는 모든 기간에 pH 5.7~pH 6.0이 최적 산도로 동일하게 제시되어 있다.

**34** ① 물적자원관리

K씨는 내일 상추씨를 발아해야 하므로 최적 온도는 4℃~6℃, 최적 토양 산도는 pH 5.7~pH 6.0, 최적 토양 수분은 65%이다. 현재 K씨 스마트 팜의 환경정보에서 온도가 15℃, 토양 수분은 65%, 토양 산도는 pH 5.8이므로 토양 수분과 토양 산도는 조절할 필요가 없으나, 온도는 10℃ 만큼 내려야 한다.

**35** ④ 물적자원관리

〈스마트 팜에서 상추 재배 방법〉에 따르면 '수확 이후는 생육과 같은 조건에서 재배'라고 명시되어 있으므로 ④ 상추를 수확한 이후의 온도 조건을 15℃~23℃로 수정해야 한다. 토양 산도는 전 기간에 걸쳐 pH 5.7~pH 6.0을 적정 산도로 가지기 때문에 수정할 필요가 없고, 토양 수분은 생육기 이전은 65%, 생육기 이후는 75%를 유지해야 하므로 바르게 작성되었다.

**36** ④ 물적자원관리

발아에서 3일 소요, 파종에서 2일 소요, 생육에서 25일~30일이 소요되므로 총 30일~35일이 소요된다. 따라서 예상할 수 있는 수확 시기는 ④ 6월 6일에서 6월 10일까지가 된다.

**37** ③ 정보처리

『떠나자 파라다이스』 책의 경우 ISBN이 978(접두부)-11(국별번호)-6302(발행자번호)-086(서명식별번호)-9(체크기호)로 부여되어 있다. ① 바코드 오른쪽 위에 부가기호 03910이 표기되어 있으므로 오류사항이 아니다. ② 발행자번호도 6302로 부여되어 있다. ④ ISBN과 바코드 왼쪽 하단의 표기 내용도 정확히 일치하고 있다. 접두부가 978인 경우 국별번호를 89로 받아야 하므로 ③이 L씨가 파악한 오류사항으로 적절하다.

**38** ② 정보처리

37번 문제의 오류사항을 고치면 『떠나자 파라다이스』 책의 ISBN은 978(접두부)-89(국별번호)-6302(발행자번호)-086(서명식별번호)-9(체크기호)로 부여된다. 서명식별번호 086의 다음 번호인 087을 부여한 ② 보기가 가장 적절하다.

**39** ③ 정보처리

여행 책이므로 ① 언어에 해당하는 '7'이나 ② 문학에 해당하는 '8'로 분류하는 건 적절하지 않다. 관광에 해당하는 '9'로 분류하되 유럽 여행이므로 유럽에 해당하는 '2'로 분류해야 한다. 5행은 '0'을 사용하므로 ③ 920이 〈내용분류기호〉로 가장 적절하다.

**40** ② 정보처리

주어진 〈발행형태기호표〉를 참고하여 부가기호를 작성할 때, 상권과 하권으로 나눠 출판할 예정이므로 시리즈에 해당하는 '4' 기호를 사용해야 한다. 발행형태기호는 2행에 작성하므로 ② 04920이 주어진 자료로 작성한 부가기호로 적절하다.

## 3회

본문 p.83

**01**

| 대분류 | 중분류 | 소분류 | | | 수량 | |
|---|---|---|---|---|---|---|
| 보드 | ☐ Raspberry Pi | ☐ Pi zero | ☐ Pi 2 | ☐ Pi 3 | ☐ 10개  ☐ 50개 | ☐ 30개  ☐ 100개 |
| | ■ Arduino | ☐ Leonardo  ☐ Micro | ☐ Nano  ☐ Pro | ■ UNO  ☐ Mega | ☐ 10개  ■ 50개 | ☐ 30개  ☐ 100개 |
| 센서 | ■ Analog | ☐ 근접  ■ 온도 | ☐ 가속도  ☐ 습도 | ☐ 적외선  ☐ 온습도 | ☐ 10개  ☐ 50개 | ■ 30개  ☐ 100개 |
| | ■ Digital | ☐ 조도  ☐ 온도 | ☐ 틸트  ☐ 습도 | ■ 터치  ☐ 자기 | ☐ 10개  ■ 50개 | ☐ 30개  ☐ 100개 |
| 부품 | ■ 저항 | ☐ 10Ω  ☐ 10kΩ | ☐ 220Ω  ■ 220kΩ | ☐ 330Ω  ☐ 330kΩ | ☐ 100개  ■ 200개 | ☐ 150개  ☐ 300개 |
| | ■ LED | ☐ 적색  ☐ 백색 | ☐ 파랑색  ☐ 노랑색 | ☐ 녹색  ■ 삼색 | ■ 100개  ☐ 200개 | ☐ 150개  ☐ 300개 |
| | ■ 점퍼선 | ☐ 적색  ☐ 백색 | ■ 파랑색  ☐ 노랑색 | ☐ 녹색  ☐ 삼색 | ☐ 100개  ☐ 200개 | ☐ 150개  ■ 300개 |

| | | | | | | | | | | | |
|---|---|---|---|---|---|---|---|---|---|---|---|
| **02** ④ | | **03** ④ | | **04** ① | | **05** ① | | **06** ② | |
| **07** ③ | | **08** ③ | | **09** ② | | **10** ④ | | **11** ③ | |
| **12** ④ | | **13** ④ | | **14** ② | | **15** ③ | | **16** ① | |
| **17** ④ | | **18** ③ | | **19** ③ | | **20** ④ | | **21** ① | |
| **22** ④ | | **23** ① | | **24** ③ | | **25** ② | | **26** ② | |
| **27** ① | | **28** ③ | | **29** ④ | | **30** ④ | | **31** ② | |
| **32** ③ | | **33** ④ | | **34** ① | | **35** ③ | | **36** ④ | |
| **37** ④ | | **38** ① | | **39** ④ | | **40** ③ | | | |

## 01

기술선택

워크숍 신청인원은 32명이며, P씨가 강사와 나눈 메시지를 살펴보면 필요한 물품의 최소 수량은 다음과 같다.

| 물품명 | 최소 필요수량 | 물품명 | 최소 필요수량 |
|---|---|---|---|
| Arduino-UNO 보드 | 32 | 아날로그 온도센서 | 16 |
| 220kΩ저항 | 32×5=160 | 터치센서 | 32 |
| 삼색LED | 32 | 파랑색 점퍼선 | 32×8=256 |

따라서 보드에서는 Arduino / UNO / 50개, 센서에서는 Analog / 온도 / 30개, Digital / 터치 / 50개, 부품에서는 저항 / 220kΩ / 200개, LED / 삼색 / 100개, 점퍼선 / 파랑색 / 300개를 체크해야 한다.

## 02 ④

업무이해

시간의 경우 24시각제의 숫자로 표기하고 시분의 글자는 생략해야 한다. 기획안의 가. 일시에는 P.M.12:00~P.M.1:00라고 제시되어 있으므로 24시각제로 표시되어 있지 않다. 따라서 P.M.12:00~P.

M.1:00을 12:00~13:00로 수정하는 ④ 보기가 가장 바람직하다.

## 03 ④

컴퓨터활용

우선 판매 대수가 30대를 초과하는 셀의 개수를 세기 위해 COUNTIF(C5:F5,">30") 함수식이 필요하며 그 결과가 3 이상인 셀에 '우수'라고 표시하기 위해 =IF(COUNTIF(C5:F5,">30")>=3, "우수사원","")으로 작성해야 한다.

## 04 ①

정보처리

개정판은 서명, 내용, 페이지 수, 발행자나 저자가 변한 경우를 기준으로 한다. 페이지 수가 동일하지만 저자가 1인에서 2인으로 변경된 『구름브레이커』의 경우 개정판의 대상이 되므로 ISBN을 새로 부여받아야 한다. 『남신강림』과 『연애혁신』의 경우는 활자 크기를 변경하였고 『GOD의 탑』이나 『갓오브미들스쿨』은 광고를 삽입하였지만 모두 기존의 ISBN을 사용하는 대상에 속해 있으므로 새로 부여받지 않아도 된다.

## 05 ①

업무이해

(8시 30분) 5살 아들 유치원 등원 후 유치원에서 초등학교로 도보 15분이 소요된다. (8시 45분) 8살 딸을 초등학교에 등교시킨 후 회사로 이동하면 도보 10분이 소요된다. (8시 55분) 회사에 도착하여 근무를 시작할 수 있지만 유연근무제도로 인해 30분 단위로 출근 시간을 선택해야 하므로 9시 출근 처리된다. 회사에서 9시간을 머무른 후 18시 퇴근하여 아들의 유치원 하원 시간에 맞춰 이동하는 게 가장 바람직하다.

## 06 ②

업무이해

고객지원팀의 경우 인원이 총 3명으로 신청할 수 있는 금액이 한 달에 1인당 9,000원이다. 지난 8월에 300원을 덜 사용해서 이번 9월에 9,300원어치 사무용품을 신청했다. 구매부서에서 지난달에 미달한 금액이 있으면 합해 사용할 수 있다고 했으므로 문제될 부분이 없다. 단, 외래팀의 경우 9월 소계가 잘못 계산되어 31,400원 → 31,200원으로 수정이 필요하다. 인원이 10명이므로 지난달과 이번 달에 사용할 수 있는 금액이 합해서 총 60,000원이다. 8월에 28,800원을 사용하여 1,200원을 덜 사용하였으므로 신청 가능 금액은 초과하지 않는다.

## 07 ③

기술적용

참고자료의 충청지역 식중독 지수는 83으로 〈식중독 지수 단계별 기준 및 심볼〉에 따라 '경고' 단계에 해당한다. 하지만 보도 예정 자료에는 등급과 심볼이 '위험'으로 표시되어 있으므로 수정이 필요하다.

**08** ③

제시된 바코드의 1~3번 자리는 893으로 베트남에 해당하고 4~7번 자리는 3570으로 B제과에 해당되며, 8~12번 자리는 68334로 과자류에 해당하므로 ③ 베트남 – B제과 – 과자류가 정답이 된다.

**09** ②

평일에 이용고객이 급증하여 주차 공간이 부족하게 된 상황이다. 평일에 이용 가능한 주차장은 금빛, 달빛, 햇빛 주차장으로 그 중 두 달 정도의 거래만 지속하면서 50대 정도의 주차 문제를 해결할 수 있는 주차장이 필요하다. 햇빛 주차장의 경우 세 달 이상 지속적으로 거래해야만 할인이 되므로 금빛과 달빛 주차장 중 부족한 주차 공간 50대를 수용할 수 있는 달빛 주차장과 계약하는 것이 적절하다.

**10** ④

거래처의 메일을 살펴보면 새로움, 반려와 함께 출퇴근, 강아지와 고양이 모두 진료, 24시간 운영이라는 네 가지 내용을 강조하고 있다. ① 강아지와 고양이를 진료한다는 내용이 누락되어 있고 ② 반려와 함께 출퇴근 및 고양이 진료에 대한 내용이 누락, ③ 영업시간이 누락되어 있다. 새로움을 강조하는 'NEW' 문구가 삽입되어 있고 반려와 출퇴근, 강아지와 고양이 모두 진료가 가능하다는 내용과 24시간 운영 문구를 모두 포함하고 있는 ④ 포스터가 가장 적절하다.

**11** ③

팀장의 요구사항을 보면 저작자 표시, 비영리, 변경금지에 해당한다. 그러므로 이 세 가지를 모두 표시한 ③번이 정답이 된다. ④번의 ◎ 기호는 변경을 허락하는 기호이므로 배제되어야 한다.

**12** ④

**WOORI** (주)우리제약이 회사 마크이므로 이 면을 정면으로 보았을 때 박스를 접은 모양을 기준으로 면을 표시해 보면 아래와 같이 구성된다. 고객이 요구한 내용대로 제작하기 위해서는 ④와 같은 모양으로 배치해야 한다.

|      | 우측면 |      |      |
|------|--------|------|------|
| 윗면 | 정면   | 바닥면 | 뒷면 |
|      | 좌측면 |      |      |

**13** ②

첫째 주와 셋째 주는 평일만 연수 신청이 가능한데 8월 3일 토요일 일정에 수강 가능 인원이 10명으로 배정되어 있으므로 수정이 필요하다. 대부분의 일정이 수강 가능한 인원의 숫자를 넘지 않았지만 8월 11일 일요일은 10명만 수강신청이 가능하나 13명이 신청하여 조정이 필요하다. 8월 3일과 8월 11일이 바르게 짝지어진 ②가 적절하다.

**14** ②

| 날짜 | 수강 가능 인원 | | 수강 신청 인원 | | | 조정 여부 |
|------|---------|---------|------|------|------|-----------|
|      | 수정 전 | 수정 후 | 기존 | 추가 | 총 |  |
| 8월 10일 | 10 | 동일 | 9 | 2 | 11 | 조정 필요 |
| 8월 15일 | 8 | 동일 | 7 | 1 | 8 | 조정 불필요 |
| 8월 16일 | 9 | 동일 | 2 | 8 | 10 | 조정 필요 |
| 8월 28일 | 10 | 6 | 7 | 0 | 7 | 조정 필요 |

**15** ③

A씨는 12시부터 약속이 있으니 10시~12시까지 가능하고, B씨는 10시~11시, 14시~16시까지 가능하다. C씨는 15시~16시만 가능하고, D씨는 11시~12시, 13시~14시가 가능하며, E씨는 이동시간을 고려하면 13시~15시에 가능하다. 이를 〈접수대장〉 양식에 바르게 정리하면 ③과 같다.

**16** ①

15번의 〈접수대장〉 내용과 이동시간을 고려할 때, ②는 E → C 방문 시 1시간이 소요되므로 불가능하고, ③은 방문 순서가 맞지 않다. ④는 E → A 방문 시 1시간이 소요되어 완료할 수 없다. 따라서 올바른 방문 순서는 ① A → D → E → B → C가 되어야 한다.

**17** ④

① 바지락의 경우 면역력 촉진에 좋지만 고객이 조개류를 잘 먹지 못한다고 했으므로 홍보할 말로 적절하지 않다. ② 가격이 저렴하면서 맛있는 해산물을 추천해 달라고 했는데, 비싸더라도 문어를 드셔 보라고 홍보하는 것은 적절하지 않다. ③ 살이 쪘다는 고객에게 다이어트를 위해 북어를 추천하는 것도 좋지만, 고객은 미세먼지로 인한 호흡기 문제를 보완할 SEATOX 푸드를 추천받기 원하므로 ④가 홍보할 말로 가장 적절하다.

**18** ②

① 문어의 경우 다양한 효과가 있지만 가격이 15,000원으로 SEATOX 푸드 중 가장 비싸므로 고객에게 추천할 제품으로 적절하지 않다. ③ 북어의 경우 5,000원으로 가격이 다른 제품에 비해 저렴하나 신

선도가 2등급으로 미역과 문어에 비해 상대적으로 낮다. ④ 바지락의 경우 고객이 먹지 못하기 때문에 추천 제품으로 바람직하지 않다. 호흡기 질환에 도움이 되며 신선도와 가격 모두 적정한 ② 미역이 고객에게 추천할 제품으로 가장 적절하다.

## 19 ③

기술이해

고객이 2019년 4월에 구입한 LED 마스크는 [수리, 교환, 환불 기준]의 2. 품질보증기간 이내에 고객의 귀책사유 없이 제품의 하자로 인해 발생한 피해 – • 최초 : 무상 수리에 해당하므로 ③의 "고객님은 제품에 대한 무상 수리를 받으실 수 있습니다."와 같이 안내해야 한다.

## 20 ③

물적자원관리

[보상 판매 및 폐기 매입 기준]에 따르면 보상 판매 기준은 신제품 구입 시 30%를 할인하는 방식으로 신제품 가격 ₩650,000×0.7 = ₩455,000에 구입할 수 있으며, 폐기 매입 기준은 구입가의 15%를 돌려주는 방식으로 기존 제품 가격 ₩550,000×0.15 = ₩82,500을 돌려받게 된다. 따라서 ③ (가) 455,000 (나) 82,500이 정답으로 적절하다.

## 21 ①

물적자원관리

쌀쌀한 날씨를 고려하여 실내가 되어야 하며, 상품을 구분할 수 있도록 2~3개 층을 사용하면서 70평 이상의 공간을 확보할 수 있는 장소여야 한다. 실내에서 진행할 수 있는 장소는 A, B, D, E로 4개 장소가 조건과 일치하지만 D가 70평 미만의 체육관, E는 1층으로 이루어진 강당이어서 후보에서 제외된다. 세 가지 조건을 모두 고려한 ① A, B만 K씨가 선택할 수 있는 장소 후보이다.

## 22 ④

물적자원관리

이전 대화를 통해 실내, 2~3개 층 사용 가능, 70평 이상의 공간 확보 여부를 조건으로 A와 B 장소를 후보에 두었으나 현재의 대화를 통해 '실외 행사도 가능, 환승이 편리한 지하철역과 가까운 곳'이라는 새로운 조건이 추가되었다. 새로운 조건을 포함한 모든 항목이 일치하는 후보는 B와 G이지만 지하철역과 직결되는 G가 행사장소와 가장 가까우므로, K씨가 섭외할 장소로는 ④ G가 가장 적절하다.

## 23 ①

물적자원관리

팀장의 요구사항을 살펴보면 안내판을 엘리베이터 앞에 설치하고, 변경 전 강의실과 변경 후 강의실에 설치해야만 한다. 하지만 비상용 엘리베이터는 사용되지 않으므로 설치할 필요가 없다. 따라서 (가) 위치는 설치할 필요 없이 (나), (다), (라) 위치에 설치해야 한다.

## 24 ③

인적자원관리

제2소회의실 쌍여닫이문에서 화재가 발생했기 때문에 제1소회의실의 대피 경로는 휴게실 옆 비상구가 되어야 한다.

## 25 ②

물적자원관리

남녀 선생님들은 한 방에 배치하지 않으면서 원장, 원감, 주임 선생님들은 각 방에 1명씩 배치하려면 남선생님 방 2개, 여선생님 방 3개를 배치해야 한다. 희망반 원여름(원감) 선생님은 아침식사 준비로 희망반 선생님들이 모두 한 방에 배치되길 원하지만 희망반 여선생님 중 2명이 먼지 알레르기가 있어서 총 4명이 묵을 수 있으면서 알레르기가 없는 방으로 배치해야 한다. 이 조건에 모두 일치하는 방은 사과방이다.

하늘반 이체리 여선생님은 먼지 알레르기가 있고 1인용 침대를 희망하는데 조건에 해당하는 방은 딸기방뿐이다. 별도의 조건을 제시하지 않은 사랑반 이베리 여선생님과 하늘반 남겨울(주임) 여선생님을 함께 딸기방에 배치하면 된다.

구름반 정계절(주임) 여선생님과 사랑반 한오디 여선생님은 더위를 많이 탄다. 평화반 오자두 여선생님만 더위를 타는 사람과 같이 방을 써도 괜찮다고 응답했으므로 총 3명을 수용할 수 있는 키위방에 배정해야 한다.

남은 방은 포도방과 수박방인데, 사랑반 김봄(원장) 남선생님과 평화반 홍가을(주임) 남선생님은 서로 직책이 있어서 같은 방에 배치할 수 없다. 포도방은 알레르기 환자는 유의하라고 되어 있고 구름반의 임머루 선생님과 이매실 선생님은 베개를 가져올 수 있다고 했으므로 사랑반 김봄(원장) 남선생님과 함께 수박방에 배치하는 것이 바람직하다. 남은 남선생님들은 총 4명이므로 포도방에 배치하면 된다.

## 26 ②

물적자원관리

| 방 배정 | 이름 | 성별 | 소속 | 참고사항 |
| --- | --- | --- | --- | --- |
| 사과방 | 원여름(원감) | 여 | 희망반 | 아침식사 준비로 희망반 선생님들은 한 방에 묵을 수 있도록 배정 부탁 |
| 키위방 | 정계절(주임) | 여 | 구름반 | 더위를 많이 탐 |
| 딸기방 | 남겨울(주임) | 여 | 하늘반 | |
| 수박방 | 김봄(원장) | 남 | 사랑반 | 베개 가져올 수 있음 |
| 포도방 | 홍가을(주임) | 남 | 평화반 | |

| 방 배정 | 이름 | 성별 | 소속 | 참고사항 |
| --- | --- | --- | --- | --- |
| 사과방 | 박살구 | 여 | 희망반 | |
| | 박석류 | 여 | 희망반 | 먼지 알레르기 있음 |
| | 강앵두 | 여 | 희망반 | 먼지 알레르기 있음 |

| | 한오디 | 여 | 사랑반 | 더위를 많이 탐 |
|---|---|---|---|---|
| 키위방 | 오자두 | 여 | 평화반 | 더위 타는 사람과 한 방을 써도 괜찮음 |
| 딸기방 | 이체리 | 여 | 하늘반 | 먼지 알레르기 있음 / 1인용 침대 희망함 |
| | 이베리 | 여 | 사랑반 | |
| 수박방 | 임머루 | 남 | 구름반 | 먼지 알레르기 있음 / 베개 가져올 수 있음 |
| | 이매실 | 남 | 구름반 | 먼지 알레르기 있음 / 베개 가져올 수 있음 |
| 포도방 | 서자몽 | 남 | 평화반 | 베개 가져올 수 있음 |
| | 김모과 | 남 | 희망반 | |
| | 장레몬 | 남 | 하늘반 | |

## 27 ①
시간자원관리

부원들의 스케줄을 표로 정리하면 다음과 같다.

( ☐ : 가능, ▨ : 불가능)

• 목요일

| | 9 | 10 | 11 | 12 | 13 | 14 | 15 | 16 | 17 | 18 |
|---|---|---|---|---|---|---|---|---|---|---|
| K부장 | | | | | | | | 출장 | | |
| P과장 | | | 회의 | | | | | | | |
| L대리 | 서버작업 | | | | | | | | | |
| C사원 | | | | | | | | | | |

• 금요일

| | 9 | 10 | 11 | 12 | 13 | 14 | 15 | 16 | 17 | 18 |
|---|---|---|---|---|---|---|---|---|---|---|
| K부장 | | | | | | | 회의 | | | |
| P과장 | | | | | | | | | | |
| L대리 | 서버작업 | | | | | | | | 백업 | |
| C사원 | | | | | 출장 | | | | | |

## 28 ①
인적자원관리

오후 3시에 1시간 동안 출장이 잡혔으므로 준비시간, 정리시간을 추가하면 오후 2시부터 5시까지 스케줄이 없는 부원을 선택해야 한다. L대리는 백업 작업으로 인해 불가능하고 C사원은 이미 출장 스케줄이 있다. 그러므로 해당 시간에 스케줄이 없는 P과장이 출장을 신청해야 하는 부원으로 적절하다.

## 29 ④
물적자원관리

100개가 투입되었을 때 1차 검사 불량률이 10%이므로 100×0.9=90개가 된다. 다시 2차 검사 불량률이 10%이므로 90×0.9=81개가 최종 생산되는 장난감 개수이다.

## 30 ④
기술적용

각 단계별 개선 전 비용과 개선 후 비용을 비교하여 차이를 모두 더하면 500+1,200+0+500+200+200=2,600원이 된다. 개선 전 장난감 1개의 이윤이 2,320원이므로 2,320원+2,600원, 즉 4,920원의 이윤을 기대할 수 있다.

## 31 ②
문제처리

각 단계별 비용 절감 금액을 보면 부분 조립이 1,200원으로 가장 높다. 두 번째로 부품 검수가 500원, 전체 조립이 500원으로 동일하지만 전체 조립이 15명 투입으로 많은 인원이 투입되어 선택해야 한다.

## 32 ③
기술이해

별관 1층에는 차량등록부(5L)와 도시정보센터(5M)가 위치하고 있다. 관리번호 스티커의 5~6번째 문자가 5L과 5M인 사용자는 신기성(13075L03013018), 김범식(15095L03013005), 김용찬(13075M03013011)으로 3장의 스티커를 가져가야 한다.

## 33 ④
기술적용

취득년월이 2019년 6월이므로 1906이 되고, 재물의 위치는 도시디자인국이므로 3H가 되며, 재물의 종류가 사무기기, 세단기이므로 03014가 된다. 여기에 당시 세단기는 1개만 구입한 것으로 확인되었기 때문에 취득순서가 001이 되어 관리번호는 ④ 19063H03014001이 적절하다.

## 34 ①
기술이해

2013년 7월에 취득한 모니터의 관리번호는 1307XX03013XXX가 되므로 현여리(13071B03013002), 신기성(13075L03013018), 이상일(13072F03013023), 김용찬(13075M03013011), 모두 4개의 모니터가 폐기 대상에 해당된다.

## 35 ③
조직체제이해

새로운 결재선을 만드는 경우 ㉮~㉰ 순으로 참고하여 만든다. 먼저 결재선명에 희망하는 명칭을 입력한 후 직원명단 창에서 이름을 선택한다. 선택 후 ▼ 버튼을 클릭하여 결재선에 추가하는데 추가한 결재권자는 창에서 최상위에 위치하게 되므로 대리 → 행정과장 → 행정부장 → 상무 순으로 추가해야 한다. 모든 결재권자가 추가된 후에는 저장 버튼을 클릭하여 마무리한다.

## 36 ④
조직체제이해

기존 결재선을 수정하는 경우 ㉮-① , ㉰-① 순으로 참고하여 만든다. 먼저 수정할 결재선명을 입력한 후 검색 버튼을 누른다. 그 후 기존의 김열쇠 행정1과장을 선택한 후에 ▲ 버튼을 눌러 결재선에서 삭제한다. 새롭게 승진한 정행복 행정1과장을 ▼

버튼을 눌러 추가한 뒤 [위], [아래] 버튼을 활용해 순번을 정리한다. 모두 정렬한 후에는 [저장] 버튼을 클릭하여 마무리한다.

**37** ④　　　　　　　　　　　　　　　　　업무이해

고객은 유기농 메뉴를 준비 중이라서 친환경 인증을 받은 상품을 구매하고자 한다. 대량 구입하기 위해 가격도 고려하고 있으나 감자와 달걀에 대한 구체적인 조건을 제시하고 있으므로 ④ 상품별로 친환경 인증기준을 우선적으로 확인하는 행동이 가장 바람직하다. 등급과 재배지에 대한 이야기는 하지 않았으니 추가로 고객에게 여쭤보고 확인할 수 있지만 가장 우선적으로 고려할 내용으로는 바람직하지 않다.

**38** ①　　　　　　　　　　　　　　　　물적자원관리

감자는 유기합성농약을 전혀 사용하지 않은 상품으로 준비해야 한다. 유기농산물 인증과 무농약 인증 모두 유기합성농약을 사용하지 않으므로 4개의 감자 중 가격 경쟁력을 고려한 림보 감자가 추천할 상품으로 가장 적합하다. 달걀은 항생제나 호르몬제가 첨가되지 않은 일반 사료를 급여한 무항생제축산물 인증의 상품이 필요하다. 국화 달걀을 제외한 장미 달걀, 유채 달걀, 달래 달걀이 모두 해당하지만 그 중 가장 저렴한 장미 달걀이 추천 상품으로 바람직하다.

**39** ④　　　　　　　　　　　　　　　　물적자원관리

처음 대화 내용을 반영하여 상품을 추천했을 때 '림보 감자 – 장미 달걀'이 가장 적합했다. 하지만 고객이 상품의 질에 만족하지 못해 1,000원이 넘지 않는 가격 차이라면 상위 등급의 상품으로 다시 추천해 주기를 바라고 있다. 특상 등급의 블루 감자와 700원 정도의 차이만 발생하여 블루 감자로 추천 리스트를 변경하는 것이 바람직하다. 달걀의 경우 기존 장미 달걀이 5,500원인 데 반해 특상 등급의 유채 달걀은 6,700원으로 1,200원의 가격 차이가 발생하여 리스트를 수정하지 않는 게 바람직하다.

**40** ③　　　　　　　　　　　　　　　　업무이해

30구의 달걀 중 7구의 달걀이 파손되었으므로 90% 이하의 파손으로 분류되어 '부분 파손'이다. 부분 파손의 경우 파손된 수량에 한해서 환불이나 교환 둘 중 하나의 방식만 가능한 것이 아니라 두 가지 A/S 방식 중 희망하는 처리 절차를 선택할 수 있다. 그와 관련하여 발생한 비용은 모두 판매자가 부담하므로 고객에게 안내할 내용으로 ③이 가장 적절하다.

MEMO